新时代高职院校教学管理创新研究

孙跃轩　吴芳　著

延吉·延边大学出版社

图书在版编目（CIP）数据

新时代高职院校教学管理创新研究 / 孙跃轩, 吴芳著. -- 延吉：延边大学出版社, 2023.10
ISBN 978-7-230-05749-3

Ⅰ. ①新… Ⅱ. ①孙… ②吴… Ⅲ. ①高等职业教育－教学管理－研究 Ⅳ. ①G718.5

中国国家版本馆 CIP 数据核字(2023)第 207620 号

新时代高职院校教学管理创新研究

著　　者：孙跃轩　吴　芳
责任编辑：尹昌静
封面设计：延大兴业
出版发行：延边大学出版社
社　　址：吉林省延吉市公园路 977 号　　邮　编：133002
网　　址：http://www.ydcbs.com　　E-mail：ydcbs@ydcbs.com
电　　话：0433-2732435　　传　真：0433-2732434
制　　作：山东延大兴业文化传媒有限责任公司
印　　刷：三河市嵩川印刷有限公司
开　　本：787×1092　1/16
印　　张：9.75
字　　数：150 千字
版　　次：2023 年 10 月 第 1 版
印　　次：2024 年 1 月 第 1 次印刷
书　　号：ISBN 978-7-230-05749-3

定价：52.00 元

作 者 简 介

孙跃轩，女，汉族，河南商丘人，本科，乌鲁木齐职业大学教学秘书，中级职称。2002年7月毕业于新疆财经大学会计学专业，主要从事教学秘书、教育教学管理、思政教育辅导、社科研究等方面的工作。

吴芳，女，汉族，陕西西安人，本科，乌鲁木齐职业大学教学秘书，助理研究员。2007年7月毕业于新疆师范大学数学与应用数学专业，主要从事教育教学服务管理、职业生涯规划、思政教育辅导、社会调研、市场调查、数据分析整理等方面的工作。

前　　言

《新时代高职院校教学管理创新研究》一书探讨了当前高职院校教学管理领域中的创新实践与挑战。面对当今快速变化的社会和技术环境，高职院校教学管理的革新已成为促进教育质量提升、学生综合素质培养的关键途径。本书力图汇集相关专家学者的研究成果与经验，以期为高职院校教学管理领域的决策者和从业者提供有益的思路和借鉴。

在编撰本书的过程中，笔者遇到了许多挑战。首先，针对现代技术手段在教学管理中的整合，面临着技术应用和教学实践融合的困境。为了解决这一问题，笔者组织成立了专门的工作组，与技术专家和教学管理者密切合作，探讨并实施了智能教学管理系统。该系统整合了课堂监控、学生学习情况分析和个性化辅导等功能，从而提高了教学效率。其次，不同学生群体的学习需求多样化，传统的教学模式难以满足每个学生的需求。为了解决这个问题，笔者实施了个性化教学模式，即通过教学资源个性化定制和多元化教学方法的运用，以更好地满足不同学生的学习节奏和学科兴趣需求，从而激发学生的学习热情和潜能。最后，在教师培训与评估机制方面，现有机制缺乏针对教师专业发展的全面支持和科学的评估标准。为了改变这一现状，笔者制订了定期的教师培训计划，并结合教学实践和教学质量评估，为教师提供个性化的专业发展支持。

然而，在高职院校教学管理领域仍存在一些待解决的难题，其中包括教学质量评估标准的科学性与公正性问题、创新教育理念与实际操作之间的融合问题等。因此，在本书的基础上，可以进一步深化对高职院校教学管理创新的研究，特别是在教学质量保障机制、教师培训体系、学科交叉与综合实践能力培养等方面进行系统的探索与实践。通过持续的学术研究和实践探索，可以为高职教育事业的发展作出更为积极的贡献，推动教学管理不断创新与进步。

　　本书由乌鲁木齐职业大学孙跃轩和吴芳共同撰写，分别撰写 7.5 万字。由于时间仓促，笔者水平有限，本书难免存在疏漏之处，恳请广大读者批评指正，不吝赐教。

目　录

第一章　新时代高职院校教学管理概述 ... 1
　　第一节　高职院校教学管理的内涵与要素 ... 1
　　第二节　高职院校教学管理的地位与任务 ... 10
　　第三节　高职院校教学管理的原则 ... 16
　　第四节　高职院校教学管理的特点与内容 ... 21
　　第五节　新时代高职院校教学管理的新理念 ... 25

第二章　高职院校教学管理面临的挑战 ... 33
　　第一节　传统管理模式的限制 ... 33
　　第二节　技术和社会变革对教学管理的影响 ... 37
　　第三节　教师和学生需求的变化 ... 51

第三章　新时代高职院校教学管理创新策略 ... 66
　　第一节　教学管理模式创新 ... 66
　　第二节　教学管理方法创新 ... 88
　　第三节　教学管理制度创新 ... 99
　　第四节　成功案例研究 ... 117

第四章 高职院校教学管理创新的影响和发展趋势 124

第一节 教学管理创新对学生学习成果的影响 124
第二节 社会和职场需求的响应 132
第三节 发展趋势和如何应对挑战 137

参考文献 143

第一章 新时代高职院校教学管理概述

第一节 高职院校教学管理的内涵与要素

新时代高职院校教学管理是为了适应时代发展和教育需求变化而进行的教学管理实践，旨在提高教育质量、促进学生发展和提升教师专业素养。高职院校教学管理是指对教育教学活动进行规划、组织、指导和监督的一系列管理活动，包括教育方针制定、课程设计、教材选择、教学方法应用、学生管理、教师培训、评估与反馈等方面的工作。教学管理旨在创造良好的教育环境，提高学生的学习成绩、促进学生的全面发展。高职院校教学管理的要素主要包括以下内容：

一、教学计划与课程设计

教学计划与课程设计是高职院校教学管理中的关键要素，对确保教育质量和学生发展至关重要。

教学计划应明确教育目标，包括知识、技能和素养方面的目标，这些目标应与学校的使命和愿景相一致。教学计划要考虑课程的结构，确保涵盖各个学科领域，同时也要考虑学生的年龄和水平。教学计划还应包括适用的教学方法和策略，如讲座、小组讨论、实验等，以满足不同学生的学习需求。教学计划要合理安排课程时间，确保学生在每个主题或单元都有足够的时间进行深入探讨和学习，并确定所需的教材、教具、实验设备和技术支持等资源，以便做好准备。教学计划还应包括评估策略，包括考试、作业、项目和课堂参与情况的量化等，以便衡量学生是否达到了预期的学习目标。

课程设计要确保课程内容结构和逻辑的连贯性，课程应该按照模块或单元进行组织，每个模块都要有明确的主题和目标。每个课程模块应明确学习目标，指导学生了解他们将会学到什么以及如何评估他们的学习成果。在课程设计的过程中需要选择适当的教材和资源，包括教科书、在线材料、多媒体资源等；设计各种教学活动，以促使学生积极参与和互动，包括讲座、小组讨论、实验、案例分析等；设计评估工具和任务，以便评定学生对课程内容的理解和应用，同时，提供及时的反馈以帮助学生改进；考虑学生的多样性，包括不同的学习风格、水平和需求。随着教育的不断发展，课程设计也应积极融入新的教育技术和方法，以提高教学效果。

教学计划与课程设计需要密切配合，确保教育目标与实际的教育实践相符，应根据学校的教育使命、学科要求和学生的需求来制定教育目标，并定期进行评估和调整，以确保教育质量和学生的全面发展。

二、教学资源准备

教学资源准备是确保高职院校教育教学活动有效进行的重要环节，包括提供各种教育资源，如教材、教具、实验设备和技术设施，以支持教师的教学工作。为了实现有效教学，学校需要提供与课程内容相适应的教材，包括教科书、工作簿、参考书籍、电子教材等。这些教材应根据课程的需要进行选择，确保与教学目标和教学方法相匹配。教材的选择还应考虑最新的教育趋势和学科发展方向。学校应提供必要的教学工具和技术设施，包括投影仪、互动白板、计算机实验室、虚拟实验室、多媒体设备等，以支持不同学科领域的教学。这些工具可以提升教学效果，提高学生的参与度和加深其对教学内容的理解。针对需要实验和实践操作的学科，如科学、工程和医学，学校需要提供适当的实验设备和实验室。实验设备和实验室必须保持良好的状态，以确保学生可以安全地进行实验，并获得高效的学习体验。随着教育的不断发展，学校需要提供先进的技术设施，如计算机实验室、在线学习平台等，以支持在线教育、远程学习和数字化教学。学校需要建立有效的资源管理系统，包括库存管理、设备维护、资源更新和教育技术支持等，以确保教材、教具和设备的供应和维护。学校需要合理规划和分配预算，以确保教学资源的供应充足，这需要综合考虑学校的需求、学生人数和课程要求。学校还应考虑资源的可持续性，包括环保措施、资源的再利用和节约能源的方法。综合来看，教学资源准备是教育教学的基础，它有助于提高教育质量，促进学生的全面发展，并支持教师在课堂上的教学工作。这需要精心规划、管理和投入，以确保资源的高效利用和可持续利用。

三、教师培训与发展

教师培训与发展在新时代高职院校教学管理中具有关键性的作用，旨在提高教师的专业素养，使教师能够更好地满足学生的需求。学校应制订综合性的教师培训计划，包括新教师培训、专业发展培训、教学方法培训、课程设计培训、评估方法培训等，以满足不同阶段和方面的培训需求。学校应提供多样化的专业发展机会，包括研讨会、研究项目、学术会议、在线课程和跨学科合作，这有助于教师掌握更多的教育知识和了解最新的教育趋势。教师培训应鼓励教师学习和应用新的教育方法，如问题解决式教学、项目导向教育、在线教育和个性化教育，这有助于提高教学质量和学生的参与度。随着现代教育技术的迅速发展，教育技术培训是至关重要的。教师应学习如何有效地使用计算机、互联网、教育软件和在线学习平台，以提升教学效果。鼓励教师参与教育研究和实践，推动教育领域的创新，可以通过支持教师参与研究项目、发表研究成果和分享实践经验来实现。每位教师可以制订个性化的发展计划，根据自己的兴趣和专业目标寻找合适的培训和发展机会，这有助于满足不同教师的需求。提供教师反馈和评估机制，以帮助他们了解自己的教学效果，并根据反馈不断改进。鼓励教师之间的合作和分享，促进教学经验和资源的共享，以共同提高教育质量。教师培训还应涵盖教育政策和法规的培训，以确保教育工作的合法性和合规性。教师培训应强调教育文化、伦理和价值观，培养教师的社会责任感和公民意识。

综合来看，教师培训与发展是提高高职院校教育质量的关键因素，它不仅有助于教师的个人成长，还有助于学校的整体发展和学生的全面发展。学校应将教师培训视为持续不断的过程，为教师提供多样化的机会，以不断提升他们的教育教学水平。

四、课堂教学组织与管理

课堂教学组织与管理涉及如何有效地组织和管理课堂教学活动，以确保学生获得最佳的学习体验和教育成果。教师应提前充分准备每堂课的教学内容和教材，这包括明确的教学目标、课程大纲、教学资源和课堂活动计划。有一个清晰的教学计划是确保教学有重点和效果的关键。教师需要有效地管理课堂时间，确保每个教学活动都有足够的时间来完成，时间分配要合理，避免过于仓促或拖延。教师应以深入浅出的方式传授学科知识，深入理解自己教授的内容，并使用生动的例子来帮助学生理解和应用知识。促使学生积极的互动和参与是课堂教学的关键要素。教师可以鼓励学生通过提问、回答问题、参与小组讨论来表达他们的想法，积极互动可以促进学生深度思考。教师需要建立秩序和规范，确保课堂纪律严明。同时，他们也应关注学生的个体需求差异，提供个性化的支持。教师可以采用不同的教学方法和策略，包括讲座、小组讨论、案例研究、角色扮演、实验和互动游戏等，以满足不同学生的学习需求。教师应定期进行评估，以了解学生的学习水平，并及时提供反馈，这有助于学生了解自己的强项和改进点，以及教师了解自己的教学效果。教育技术可以增强课堂教学的效果，教师可以利用投影仪、互动白板、在线学习平台等工具，增强互动性和可视化效果。鼓励学生参与课堂活动和提供反馈，以便更好地满足他们的需求，学生的反馈对于课堂教学方法的改进至关重要。教师应不断反思自己的教学方法和管理实践，根据学生的反馈和自身经验不断改进，以提高教学质量。综合来看，课堂教学组织与管理是确保教育教学有效性和学生积极参与的关键环节，它需要教师有较高的计划、组织和管理能力。

五、学生支持服务

学生支持服务旨在确保学生获得全面的支持，促进他们的学业成功和全面发展。学生支持涵盖多方面，包括辅导、补习、学业咨询和课外活动等。辅导和补习可以帮助学生解决学习难题，提高学习成绩。学业咨询提供了课程选择、学业规划和学业目标设定的指导。学生在面临学业压力、人际关系问题或情感挑战时可能需要心理健康支持，心理咨询、心理健康工作坊和支持群组等服务可以帮助学生更好地应对这些挑战。提供职业规划服务，帮助学生明确职业目标、制订职业发展计划，并提供实习和就业机会，就业支持包括求职技能培训、简历撰写和模拟面试等。学生在校园中也需要社会支持，包括社交活动、社会沟通和文化交流，这有助于建立学生的社交网络和增强他们的文化融合能力。学生支持服务应考虑多元文化教育的需求，包括跨文化培训和国际交流项目，以培养学生的跨文化意识和国际视野。

学生可能面临财务问题，需要奖学金、助学金或紧急援助，学校应提供这些支持，以确保学生的基本需求得到满足。学校应定期与学生进行反馈交流，以了解他们的需求和意见，从而不断改进学生支持服务。应根据学生的个体需求提供个性化的服务，每位学生都可能有不同的困难和需求，因此个性化支持至关重要。学校应提供危机干预服务，包括危机热线、紧急支持和心理健康服务等，以帮助那些面对严重困难或紧急情况的学生。学校应加强与学生家庭成员的联系和沟通，以建立家校合作，共同支持学生的发展。学生支持服务的目标是帮助学生在学业、心理、职业和社交方面充分发展，以便更好地应对学习和生活中的挑战，这需要学校、教师和辅导员之间的合作，以确保学生得到全面的支持和关怀。学生支持服务有助于提高学生的学业成绩、综合素质，为他们未来的成功打下坚实基础。

六、教学质量保障与评估

教学质量保障与评估旨在确保教育质量的持续提升，为学生提供高质量的教育。学校应建立完善的质量保障体系，包括制定教育政策、课程标准和搭建教育质量框架等，明确质量标准和教育目标，以确保教育的一致性和有效性。学校应开发和使用多种教学评估工具，包括学生评价、教师评估、同行评审、课程评估和教学观察等，这些工具有助于收集不同维度的教学数据。学校应积极鼓励学生参与教学评估，并收集他们的反馈意见。学生视角的评估对提升教学质量非常重要，因为他们是直接的受益者。基于评估结果，学校应提供教师发展与培训机会，帮助教师改进教育方法，这有助于提高教师的教育水平。教学评估应是一个持续改进的过程，学校应定期分析评估结果，并制订改进计划，以解决发现的问题。学校可以邀请外部评估机构参与教学评估，以获得独立的意见和反馈，这有助于提供客观的评估，提高评估的可信度。基于评估结果，学校可以调整课程内容，更新教材，引入新的教学方法和技术，以适应不断变化的教育需求。教学评估也应促进教育创新，学校可以鼓励教师尝试新的教学方法和教育技术，以提升教育效果。学校应向学生、教师和社会公众提供质量报告，展示教学评估结果和改进措施，这有助于提高工作的透明度和建立信任。学校应定期进行自我评估，审查和改进内部教育流程、政策和管理实践，以确保质量保障体系的有效性。综合来看，教学质量保障与评估是高职院校教学管理的核心组成部分，有助于提高教育质量、学生满意度和学校声誉，同时也推动学校的不断发展和进步。通过定期的评估和改进，学校可以适应不断变化的教育环境，更好地满足学生和社会的需求。

七、学生参与

学生参与是新时代高职院校教学管理中的重要方面,有助于培养学生的全面素养,提高他们的社会参与度和增强他们的公民意识。学校应为学生提供多样化的参与机会,包括参与学习活动、社会活动、文化活动和体育活动等,这可以通过学生社团、俱乐部、志愿者项目、研究团队等形式来实现。学生可以参与学生组织的领导和管理工作,如加入学生会、学生社团领导团队等,这有助于培养他们的领导和组织能力。学校可以鼓励学生参与社区服务和志愿者活动,让他们体验公益工作,培养社会责任感和同理心。学校可以提供实践和实习机会,让学生在实际的工作环境中运用所学知识和技能,这有助于培养他们的职业素养和社会适应能力。学校可以引入社会问题教育,让学生了解和思考重要的社会议题,如环境保护、社会公平和人权等议题。学校可以支持国际交流项目,让学生有机会了解不同文化、语言,拓宽他们的国际视野。学校可以组织反思和讨论活动,让学生分享他们的参与经历,从中吸取教训并得到启发。学校可以推动社会责任项目,让学生参与解决社会问题的项目。学校可以开设公民教育课程,教授学生有关公民权利、义务和政治参与的知识。学校可以将评估和认可学生的社会参与和社会责任活动纳入学生绩点、奖学金和荣誉称号的评价体系。综合来看,学生参与是为了培养具有社会意识和社会责任感的公民,这不仅有助于学生个体的成长,还有助于社会的进步和发展。高职院校应积极鼓励学生参与各种活动,并提供支持,以帮助学生建立良好的社会关系,保持对社会问题的敏感度。

八、教育技术与创新

教育技术与创新有助于提高教学效果和学生参与度,并推动教育的不断发展。学校应整合这些技术,以丰富教学内容,增强教学体验,提供更多的学习渠道,提供在线教育课程和远程学习机会,让学生可以根据自己的时间表来安排学习时间。在线教育具有灵活性,有助于满足不同学生的需求。利用教育技术来提供个性化的学习体验，根据学生的兴趣、学习速度和学科需求来定制课程，有助于提高学生的学习动力和效果。对于科学和工程类课程，虚拟实验室和模拟软件可以提供实际实验的替代方案，帮助学生进行实验和观察。利用在线测验和自动化评估工具，可以更有效地评估学生的学习表现，并及时提供反馈，这有助于教师调整教学策略，利用大数据和教育数据分析来了解学生的学习行为和需求，以制订更有效的教育策略改进计划。移动设备和应用程序提供了便捷的学习方式，使学生能够随时随地进行学习。学校可以开发移动学习资源，以满足学生的需求。利用游戏化教育和虚拟现实技术，可以提高学生参与的积极性和互动性，将学习变得更加有趣。教育技术有助于实现跨学科合作和全球化教育，使学生能够与世界各地的同学和专家互动，拓宽他们的视野。学校应鼓励教育创新研究，探索新的教育技术和教育方法，推动教育领域的不断进步。教育技术创新应用有助于提高教育的质量和效率，为学生提供更多的学习机会和资源。学校应不断关注最新的技术趋势和教学方法，以确保满足学生和社会的需求。

九、数据分析与决策

数据分析与决策在高职院校教学管理中是一项关键任务，借助学习分析和数据处理技术，可以优化教学过程和学校管理决策，以提高教育质量和学生满意度。学习分析是一种应用数据原理和技术方法，用于收集、分析和解释学生学习过程中产生的数据，包括学生的在线活动、学业表现、互动行为、考试成绩等，数据分析通过高效的工具和算法来处理这些信息，从而获得深入的见解。首先，高职院校需要具备有效的数据收集和整合系统，包括学生信息管理系统、在线学习平台、教学评估工具等。高职院校应该从多个来源对数据进行收集汇总，以获得全面的学生信息。通过学习分析，高职院校可以了解学生的学习行为和习惯，包括他们的学习进度、学习风格、学科偏好以及可能面临的挑战，学习行为分析为学生的学习提供了个性化的支持。数据分析可以用于评估教学效果，学校可以分析学生的考试成绩、作业完成情况和参与度，以评估教学方法和课程设计的有效性,这有助于教师调整教学策略,以满足学生的需求。通过数据分析,学校可以及早发现学生可能面临的困难,并及时干预和提供支持。例如,如果一个学生的在线活动时长明显减少,学校可以主动联系他们并提供帮助。其次,数据分析还可以用于建立预测模型,帮助学校预测学生的学习表现、课程完成率和毕业率。这些模型为决策制定提供了有力的支持,包括资源分配、课程规划和教师培训。除了教学方面,数据分析也可以用于学校管理,学校可以分析招生数据、财务数据和教师绩效数据,以支持学校领导层的决策,合理进行资源分配和规划。在进行数据分析时,学校需要严格遵守隐私和伦理标准,以确保学生数据的保密性和安全性,数据分析应该在合规的框架内进行。总的来说,数据分析与决策是新时代高职院校教学管理中不可或缺的一部分,它可以帮助学校更好地了解学生,提高教学质量,优化学校管理,并确保教育过程的持续改进。通过充分利用数据分析,高职院校可以更好地满足学生和社会的需求,培养具有竞争力的毕业生。

十、跨学科合作与国际化

跨学科合作与国际化有助于促进学术创新、提高学生的综合素质和国际竞争力。跨学科合作鼓励不同学科领域之间的合作与交流,学校可以组织跨学科研讨会、项目和课程,使学生能够跨学科思考问题,培养学生的综合性思维能力。国际化是指学校可以与国际合作伙伴建立合作项目,包括联合研究、学术交流、双学位计划和国际实习,这有助于学生与国际同行互动,获得国际化的学术经验。招聘外籍教师和讲师也可以为学校带来国际化的教育资源,为学校教育提供跨文化教学经验,丰富学生的学习体验。学校可以开设国际课程,教授国际化的课程内容,使用国际教材和参考国际标准,以拓宽学生的国际视野。提供外语教育和语言培训,帮助学生提高语言技能,促进国际交流和合作。学校主办或参加国际学术会议、讲座和活动可以为学生提供与国际专家和同行互动的机会。学校设立国际交换项目,使学生有机会前往其他国家的高校学习,拓宽他们的国际视野和人际关系,同时促进学校教师与国际研究机构的合作,共同进行科研项目，推动学术创新。高职院校应重视文化多样性，鼓励学生尊重和理解不同文化，提高跨文化交流和合作的能力。

综合来看，跨学科合作与国际化为高职院校提供了丰富的机会，不仅有助于培养具有国际视野且综合素质较高的毕业生，还有助于提高学校的国际声誉和竞争力，促进学术创新和社会进步。通过积极推动跨学科合作与国际化教育，高职院校可以更好地满足全球化时代的教育需求。

第二节　高职院校教学管理的地位与任务

一、高职院校教学管理的地位

（一）是国家人才培养和社会发展的关键力量

首先，高职院校是国家人才培养的关键力量。因为它们致力于培养实际应用型人才，这些人才在各行各业中都有着巨大的需求。高职院校的教育体系特别注重将理论知识与实际技能相结合，旨在满足人才市场的具体需求，这种实际性使高职院校成为培养各种技术人才，如工程师、护士、职业技工等的主要场所。其次，高职院校在社会发展中扮演了不可或缺的角色。它们为各种行业提供了具备实际工作技能的人力资源，对推动国家的技术创新、工业现代化和经济发展至关重要。高职院校的毕业生通常能够快速适应工作环境，为企业和社会创造价值。此外，高职院校的教育理念也符合当前社会对多元化技能的需求。高职院校的课程设置包括各种实际应用技能的培养，如机械加工、电子工程、医疗保健、酒店管理等领域的实际应用技能，这使得高职院校的教育体系更具灵活性，能够迅速响应社会经济结构的变化。最后，高职院校的毕业生在就业市场上有着很高的竞争力。由于他们具备实际工作经验和技能,满足了用人单位对高技能人才的需求,很多毕业生能够迅速找到就业机会,这有助于降低失业率、提高社会的稳定性,并促进国家的长期可持续发展。高职院校在国家人才培养和社会发展中的教学管理地位和作用不可低估,它们在培养实际应用型人才、满足人才市场需求、推动经济社会发展等方面。高职院校的教育体系不仅满足了学生的职业发展需求,还为社会的可持续发展提供了有力的支持。

(二)在培养技术和职业技能人才方面具有独特性

高职院校的教学管理在国家教育体系中具有独特性,主要表现在培养技术和职业技能人才方面。首先,高职院校的教学专注于培养实际应用型人才。与一般本科院校不同,高职院校的教育体系着重为学生提供具体的职业技能和技术知识,以满足人才市场的需求。高职院校的课程和培训项目通常与特定的行业或职业领域密切相关,以确保学生毕业后能够迅速适应工作环境并作出贡献。其次,高职院校的教学管理任务在于将理论知识与实践技能相结合,除了传授学科知识,高职院校还注重将学生带入实际的工作场景,提供实践经验和技能培训,这使学生能够在学习过程中积累实际工作经验,掌握必要的职业技能,提高就业竞争力。再次,高职院校的教学管理独特性还在于其与产业界的紧密联系。高职院校通常与当地企业和行业组织建立紧密的合作关系,这有助于根据市场需求调整课程内容,提供实际案例和项目,为学生提供实习机会,并吸引专业领域的专家参与教学。这种联系使高职院校的教育更具针对性。此外,高职院校的教学管理任务还包括为学生提供职业规划和就业服务。学校通常会设立职业发展中心,为学生提供就业指导、实习机会和职业培训,这有助于学生更好地进行职业规划,为他们的就业和职业发展提供支持。最后,高职院校的教学管理任务也包括不断更新课程和教材,以跟随技术和行业的发展,教师需要与时俱进,了解最新的技术和发展趋势,确保课程内容的实用性。

总的来说,高职院校的教学管理地位独特。通过将理论与实践相结合、与产业界建立联系以及提供职业规划和就业服务,高职院校为学生提供了实用性和职业性较强的教育，有助于满足工作市场的需求，促进国家的经济和社会发展。

二、高职院校教学管理的任务

（一）确保遵循教育标准

确保遵循教育标准在高职院校教学管理中至关重要，它确保了教育过程和结果的合规性、可持续性和卓越性。高职院校需要遵循国家和行业领域的教育标准和指导方针，包括课程设计、教学方法、教材选择、评估标准等方面的规范，它们为教育提供了框架，确保了教学活动与国家和行业的要求一致。高职院校应定期接受外部评估和认证，以验证其教育质量。这种评估可以由政府教育部门、专业认证机构或同行来完成。评估通常包括对课程、教学质量、教师能力、学生成绩和设施等方面的审查，评估结果提供了有关高职院校教育质量的客观信息。评估结果不仅可用于识别问题和不足，还可用于制订改进计划。高职院校可以根据评估结果来调整课程、改进教学方法、提升教师培训，以提高教育质量。此外，认证和评估的结果也用于证明高职院校的质量，这对学生、家长和潜在雇主具有重要价值。确保遵循教育标准有助于建立质量文化，使高职院校的所有工作人员都参与到质量提升的过程中。学校可以设立教育保障办公室或委员会，促进遵循标准意识的培养。高职院校需要适应快速变化的教育需求和技术进步，遵循标准不仅仅是一次性的评估，而是一个持续改进的过程，学校应不断反思和更新教育目标、教学方法和课程内容，确保做到与时俱进。通过遵循标准、接受外部评估和建立质量文化，高职院校能够更好地满足学生和社会的需求，提供高质量的教育服务。

（二）建设高素质的师资队伍

建设高素质的师资队伍对确保教育质量和提高学生的教育体验至关重要。高职院校应注重提高教师团队的素质，以便向学生有效传授实际应用技能和知识。高职院校应当积极招聘具有丰富行业经验和教学背景的教师，这些教师能够将实际工作经验融入教学，为学生提供实用的行业见解和技能。高职院校要为教师提供持续的专业培训和发展机会，包括参加教学研讨会、研究项目、课程设计研究等，这有助于教师不断更新教学方法、了解新技术和行业趋势。高职院校要鼓励教师积极参与教育研究和创新项目，使他们可以与同事合作，开发新的教学方法，进行不同的课程设计，以不断提高教育质量。一些高职院校设立了导师制度，让有经验的教师指导和辅导新教师，这有助于新教师更快地适应教学环境，并提高教育教学水平。高职院校致力于构建多元化的教师团队，包括不同背景和文化水平的教师，这有助于提供多样化的教学体验，满足不同学生的需求。高职院校要积极与产业界建立合作关系，邀请行业专家来校授课或参与课程设计，这种合作有助于将最新的行业知识引入教育体系，使学生更具竞争力。高职院校还应进行教师绩效评估，以确保教师的教育质量；优秀的教师应该得到认可和奖励，以鼓励他们在教学方面持续努力。

通过以上措施，高职院校的师资队伍水平能够得以提升，以确保学生受到高水平的教育，培养出具备实际应用技能的毕业生，以满足社会和工作市场的需求。师资队伍的素质和发展对高职院校的成功和学生的未来都起着至关重要的作用。

（三）为学生提供管理与支持

学校通过招生来选拔有潜力的学生，包括制定招生政策、审核申请材料、安排面试和测试等。学校提供学业指导，帮助学生制订个人学习计划和规划职业发展，学生可以获得选课建议、学分规划，以确保他们能按时完成学业。高职院校为学生提供职业发展支持，包括职业咨询、推荐实习和就业机会，学生可以参加职业讲座、招聘会和工作坊，积累职业经验并寻找职业方向。学校关注学生的心理健康，提供心理咨询服务，这有助于学生缓解学习压力、应对挑战和处理情绪问题，从而保持健康的心理状态。学校鼓励学生参与校内社团活动，培养兴趣爱好、团队合作能力，这有助于学生建立社交网络和提高自身综合素质。学校提供学业支持服务，包括作业辅导、学术论文写作指导等，以帮助学生克服学业困难并提高学习成绩。学校建立学生权益保障体系，包括处理学生纠纷、提供投诉渠道和制定公平的学校规章制度等，以确保学生的权益得到维护。通过这些学生管理与支持措施，高职院校致力于创造一个有利于学生学习、成长和成功的环境。这不仅有助于学生充分发挥潜力，还为他们的未来职业生涯和社会参与打下了坚实的基础。同时，学校也扮演了监护和指导的角色，确保了学生在校园中获得全面的支持和关怀。

（四）为学生提供实践教学和实习机会

为学生提供实践教学和实习机会是高职院校教学管理的重要任务之一，旨在为学生提供与实际工作环境相关的经验和机会，以增强他们的职业技能和就业竞争力。高职院校强调理论与实践的有机结合，通过实践教学和实习，让学生有机会将课堂上学到的理论知识运用到实际工作中，从而更好地理解和掌握专业领域的技能。学校制定实践教学课程，包括实验、实训、案例分析等，旨在模拟真实工作场景，让学生在安全的环境中练习和应用所学内容。高职院校与企业积极合作，安排学生参加实习，实习通常在学习期间或学业结束后进行，为学生提供了与专业领域相关的实际工作经验。在学生实习期间通常会安排导师或实习指导老师指导学生，他们能够帮助学生适应工作环境、解答学生的问题、提供反馈，促进学生的职业发展。实践教学和实习鼓励学生参与解决实际问题，这有助于培养学生的创造力、问题解决能力和团队合作能力。通过实践教学和实习，学生逐渐培养了良好的职业素养，包括职业操守、责任感、沟通技能和团队合作精神等。通过实践教学和实习，学生可以获得实际应用技能，能够更好地适应工作环境。通过实践教学和实习获得的技能可以提高学生的就业竞争力，并帮助他们在职业生涯中取得成功。学校定期评估学生在实践教学和实习中的表现，并提供反馈和指导，这有助于促使学生不断提高自己的职业能力。通过实践教学和实习，高职院校能确保学生获得与实际工作相关的经验和技能，为他们的职业发展提供了坚实的基础，这些经验不仅增加了学生的自信心,还为他们的未来就业提供了有力支持。同时,实践教学和实习也有助于学校与产业界保持联系,确保教学内容与市场需求保持一致,使学校的教育更具现实意义和实用性。

(五)与社区建立合作关系

与当地社区建立合作关系也是高职院校的一项重要任务,旨在通过协同合作来解决社会问题,促进社会的发展和进步。高职院校应积极寻求与不同类型的合作伙伴建立关系,包括社区组织、政府机构、非营利组织、企业和其他院校等,这有助于汇聚各方资源应对各种社会问题。学校应与社区合作伙伴一起进行社区需求评估,了解社区的优先需求和问题,这有助于确定合适的项目和服务,确保解决社会问题的针对性和有效性。

高职院校与合作伙伴共同策划、实施和监督社区发展项目。这些项目涵盖多个领域,如教育、健康、环境保护、就业机会等。合作伙伴共同参与项目的设计和执行,确保项目的成功。建立合作伙伴关系可以实现资源共享,包括资金、设施、专业知识和人力资源共享,这有助于扩大项目的规模和影响力,同时减轻各方的负担。高职院校应与社区合作伙伴一起评估项目的社会影响和成效,以确保项目能够真正解决社会问题。学校鼓励学生和教师积极参与社区项目,并与社区居民建立密切联系,有效的沟通和社区参与有助于建立信任和促进协作,推动项目的顺利实施。高职院校可以提供培训和教育资源,包括职业培训、技术培训和继续教育课程等,来帮助社区合作伙伴提升技能水平。通过与社区建立合作关系,高职院校不仅能够为社会提供有益的支持和服务,还能让学生参与社会实践,培养他们的社会责任感和领导能力。这种紧密的合作有助于创造更加繁荣、公平和可持续的社区,同时也强化了高职院校在社会中的作用和影响力。

第三节　高职院校教学管理的原则

一、以学生为中心

以学生为中心是高职院校教学管理的重要原则，体现了高等教育的本质，即服务于学生的学习和成长，这一原则强调教育应该从学生的需求和发展出发，以满足他们的学习需求，实现职业发展目标。首先，以学生为中心意味着高职院校的教学管理应该关注学生的个性化需求。每位学生都有不同的学习风格、学科兴趣和学业目标，因此，高职院校应该提供多样化的教育资源和服务，以满足不同学生的需求，包括不同水平的课程设置、学业支持和职业指导等，以确保每位学生都能够在学业上取得成功。其次，以学生为中心也强调了学生参与和反馈的重要性。高职院校应该积极倾听学生的声音，了解他们的期望和反馈，以不断改进教学管理和提升服务质量。学生参与可以通过学生代表、问卷调查、反馈会议等方式实现，这可以确保学校的教育体验与学生的期望相符。此外，以学生为中心还意味着高职院校应该注重学生的全面发展，除了课本知识，还应关注学生的综合素养、社会责任感和职业技能水平的培养和提升。高职院校应该鼓励学生参与实践活动、社会服务和实习，以培养他们的领导力、创新能力和社会意识。最后，以学生为中心的原则也体现在教育评估和质量保障中。高职院校应该采用多元化的评估方法，包括学生成绩评估、课程评估和教学效果评估等，以确保教学质量和较高的学术标准。评估结果应该用于改进教学管理和提高教育质量，以更好地满足学生的学习需求。以学生为中心这一原则将有助于高职院校更好地服务学生，培养具备综合素养和职业技能的毕业生，为社会和经济发展作出积极贡献。

二、多样性和包容性

多样性和包容性是高职院校教学管理的重要原则与规律，体现了高等教育的开放性和包容性，能够满足不同学生群体的需求，提供多元化和平等的教育机会。首先，多样性和包容性意味着高职院校应该欢迎和尊重不同背景、文化、种族、性别和能力的学生。教育应该创造一个包容多元的环境，使每位学生都能够在一个开放和友好的氛围中学习和成长，这不仅体现了教育的公平性，也有助于培养学生的跨文化和社会交往能力。其次，多样性和包容性要求高职院校提供多样化的教育资源和途径，包括不同水平的课程、灵活的学习方式、个性化的学业支持和多元化的评估方法等，以满足不同学生的学习需求。在教学管理中，无论学生的背景如何，都应该确保每位学生都有平等的机会获得高质量的教育。再次，多样性和包容性也关注特殊群体的需求，例如残疾学生、国际学生、农村学生等。高职院校的教学管理应该提供特殊支持和服务，包括提供辅助技术、文化适应和心理健康支持等，以帮助这些学生克服学习障碍和融入学校、社区。此外，多样性和包容性要求高职院校将这种理念融入课程设计、教学方法和课外活动中。教育应该体现社会的多元性和包容性，培养学生的文化敏感度和社会责任感，这有助于学生更好地理解世界，尊重不同观点，同时也有助于社会的和谐发展。最后，多样性和包容性也要求高职院校积极倡导反歧视和反暴力的文化。在教学管理中，高职院校应该制定明确的政策和规定，避免出现歧视和暴力事件，确保校园是一个安全的地方。

总之，多样性和包容性是高职院校教学管理的重要原则，有助于高职院校更好地满足不同学生的需求，培养具备全球视野和社会责任感的毕业生，从而促进社会的和谐发展。

三、技术整合

技术整合强调将现代技术与教育相结合，以提高教学质量、学生参与度和教育创新。技术整合鼓励高职院校利用各种教学工具和平台，如在线课程管理系统、虚拟教室、教育应用程序等来提升教学效果。这些工具和平台可以帮助教师更好地组织教材、与学生互动、跟踪学生的学习进展，以及提供多媒体资源，使教学更具吸引力和互动性。技术整合还鼓励高职院校实施在线教育和混合教学模式。混合教学模式使学生能够根据自己的时间表和需求访问课程材料，提高了灵活性。混合教学模式结合了在线和传统课堂教学模式，为学生提供了更多的互动和实践机会。技术整合使个性化学习成为可能。技术整合为高职院校使用数据分析来监测学生的表现提供了支持。技术整合鼓励高职院校实施教育创新。通过利用虚拟现实、人工智能等先进技术，高职院校可以提供更有创意和体验性的学习体验，激发学生的兴趣和好奇心。为了有效地整合技术，高职院校需要为教师提供培训机会；教师需要掌握教育技术的使用方法，以便能够充分发挥现代技术在教学中的作用。高职院校还需要组建技术支持团队，以解决教师和学生在技术使用过程中遇到的问题。通过充分利用现代技术，高职院校可以更好地满足学生的学习需求，培养具备较高技术素养的毕业生，推动教育领域的发展。

四、持续改进

持续改进强调高职院校应不断评估和改进教学方法、课程设计、教育资源以及管理流程，以确保提供高质量的教育。高职院校应定期审查和优化课程设置和教学方法，包括考虑最新的教育趋势和技术，以确保课程内容和教学方式与职业领域的要求保持一致。教师应该不断探索新的教学策略和方法，以提高教学效果。持续改进要求高职院校进行系统的教学评估，包括学生成绩评估、教育质量评估和课程评估等。评估结果应该用于识别和解决问题，以及为教师和学生提供及时的反馈和支持。学校应该投资教师培训和发展计划，以确保教师掌握最新的教学知识和教学技能。培训可以包括教学工具的使用、教学方法的更新以及跨学科领域的发展。高职院校应提供学生支持和指导服务，包括学业辅导、职业规划、心理健康支持等，帮助学生克服学习障碍和解决问题，应该积极采纳学生的反馈建议，以更好地服务学生。高职院校应定期更新和维护教育技术设备和教育资源,包括计算机实验室、图书馆资源、在线教育平台等,以确保其与最新的技术和教育需求保持一致。持续改进还需要营造积极的校园文化环境,鼓励教职员工和学生参与学校管理和决策。学校领导层应该具备开放的领导风格,支持创新,提出和实施改进对策。高职院校应积极获取社会反馈,了解雇主和社会对毕业生的期望和评价,与工业界、社会组织和其他教育机构进行合作并不断进行续改进,确保教育与职业需求保持一致。通过不断反思和改进,高职院校可以适应不断变化的教育环境,培养具备创新能力和适应能力的毕业生,为社会和经济发展作出贡献。

五、确保教育质量

确保教育质量是高职院校教学管理的原则之一,其重要性不可低估。高质量的教育是培养技术和职业技能人才的关键,因此高职院校应致力于通过多种方式来确保教育质量,以满足学生和社会的期望。高职院校应制定完善的质量保障体系,其中包括教育质量标准、评估方法和监测程序等,旨在确保教育过程的透明度和一致性,以便持续提高教育质量。高职院校通过定期的内部和外部评估来监测教育质量,内部评估通常由学校内部的质量保障部门或委员会进行,而外部评估则由独立的教育评估机构进行。这些评估包括课程评估、教师评估、学生评估和毕业生追踪评估等方面。高职院校鼓励教师采用创新的教学方法,以提高教育质量。教师可以参与教学研究和教学发展项目,探索新的教育技术和最佳实践方法。高职院校定期评估学生的学习表现和技能水平,包括考试成绩、实习报告、毕业设计和职业技能认证等方面的评估,以确保他们达到预期的学习效果。学生的反馈和参与是提高教育质量的重要环节。高职院校要鼓励学生积极参与教学评估、课程设计和学校决策,以确保他们的需求和意见被充分考虑。一些高职院校还寻求国际教育标准的认证,以提高其国际声誉和竞争力,这些认证通常涵盖教育质量、课程内容、教师水平和学生支持等方面。

通过以上措施，高职院校致力于确保教育质量，以满足学生的学业和职业需求，并为培养具备实际应用能力的技术和职业技能人才打下了坚实的基础，这不仅有助于学生的个人发展，也为社会的技术进步和经济发展作出了重要贡献。

六、可持续性原则

可持续性原则在高职院校教学管理中的重要性不言而喻。可持续性原则强调高职院校应科学管理和分配各种资源，如人力资源、财务资源、物质资源等，制订有效的预算规划，确保资源的充分利用，同时防止浪费。通过精确的资源分配，学校可以更好地满足当前的教育需求，同时为未来的教育发展储备资源。可持续性原则要求高职院校不断提高运营效率，包括优化教学过程、降低教育成本、提高资源利用率等。通过采用新的教育技术、创新教学方法以及合理的管理实践，学校可以实现高效运营，确保资源的可持续利用。可持续性原则鼓励高职院校进行长远规划，考虑未来的教育需求和趋势，包括根据社会和行业的变化来调整课程、培训师资、提供适应性学习机会等，学校需要预测未来的发展趋势，以确保资源的可持续利用。

通过贯彻这些原则，高职院校可以更好地满足社会的需求，提供高质量的教育，并为未来的教育发展奠定坚实的基础。

第四节 高职院校教学管理的特点与内容

一、职业导向

高职院校的教学管理聚焦于职业导向，旨在为学生提供与特定职业领域相关的高质量教育培训。高职院校教学管理的核心目标之一是培养学生特定职业领域所需的职业技能，如技术技能、操作技能、实际工作技能和行业相关技能等。课程设置和内容通常围绕这些关键技能展开，以确保学生在毕业后能够胜任相关工作。课程设置和内容通常与目标职业领域紧密关联。教学管理师资力量、教材选择和教学方法都针对特定职业领域进行了优化，这确保了学生在学习过程中能直接接触与他们未来职业相关的知识和技能。高职院校通常会与行业合作伙伴建立密切关系，这些合作伙伴包括相关企业、行业协会和专业机构等。通过合作，高职院校可以了解当前的行业需求，提供实际工作机会，安排专业导师和培训，以确保学生毕业后与行业的衔接更加紧密。教学管理还包括提供就业支持服务，包括职业指导、简历撰写、面试技巧培训等。高职院校要确保学生毕业后能够顺利就业，并在职场中取得成功，就需要通过与行业合作伙伴的合作来提供实际工作经验和就业支持。高职院校致力于培养自信和职业准备充分的毕业生，以满足当前和未来职业市场的需求。

二、实践教育

实践教育是高职院校教学管理中的重要组成部分，它有助于学生将所学的理论知识应用于实际工作中，培养他们的实际操作能力和职业素养。高职院校通常与各种实习机构、企业、组织建立合作关系，包括医院、工厂、餐馆、酒店、实验室等，并根据学生的专业领域，为学生提供实践机会。高职院校和实习单位会共同制订实践计划，详细规定学生实习的时间、地点、任务和目标。

这些计划可以确保学生在实践中能够达到教育目标。实践导师或实习导师是实践教育中的关键角色，他们指导学生完成实践任务，解答学生的问题，并提供反馈和建议，帮助学生将理论知识转化为实际技能。实践教育的成功与否通常需要通过对实践成果的评估来衡量，学生需要提交实践报告、项目作品、实际操作记录或口头报告，以展示他们在实践中取得的进展和成就。学生通常会被要求进行反思，分析他们的实践经验，思考所学到的知识和技能，这有助于巩固实践教育的教育成果，使学生更深入地理解所学内容。

实践教育不仅有助于学生获得技能，还有助于他们在特定职业领域建立职业网络关系，这有助于增加学生的就业机会，为他们未来的职业发展打下基础。在实践教育中，高职院校通常也会强调安全和道德问题，学生需要遵守实践机构的规章制度，遵循职业道德标准。实践教育为学生提供了实践经验和机会，培养了他们的实际操作技能、职业素养，使学生能够更好地适应职业领域的要求，提高了就业竞争力。

三、与行业紧密联系

与行业合作伙伴保持紧密联系是高职院校教学管理的重要特点之一，这有助于确保学校的教育与行业需求保持一致，增加学生的就业机会。高职院校通常会与企业、行业协会或组织签署合作协议，确立双方的合作框架和原则，明确学校与合作伙伴之间的合作范围，例如项目合作、研究合作、教育资源共享等，从而确保合作的目标和方向是清晰明了的。合作协议详细规定了各方的资源分配和义务，包括确定哪一方将提供什么资源，如资金、设备、人力资源等；合作伙伴的角色和责任也在协议中得以明确。协议通常规定了合作的时间框架，包括合作的开始日期和结束日期，这有助于双方安排合作活动和计划资源，确保合作的顺利进行。合作协议包括关于机密性和知识共享的规定。对于一些敏感信息和专有知识，合作协议规定了如何处理和保护这些信息。同时，合作协议也可以规定双方愿意共享的资源，以促进互惠的合作。协议通常包括评估和调整机制，以确保合作的有效性和持续性，其中包括了定期的合作评估、问题解决机制和合作终止条件。协议的灵活性使双方可以根据需要进行调整。合作协议通常是具有法律约束力的文件，双方必须遵守其中的规定，这确保了各方履行其在协议中的义务，同时也提供了法律保护。合作协议是高职院校与行业合作伙伴之间建立稳固合作关系的关键，这些协议明确了合作的范围、资源分配、各方义务和时间框架，确保了合作的有序进行，并为合作双方带来了双赢。通过这种合作，高职院校能够更好地为学生提供实践经验和就业机会，而企业和行业也能够受益于高职院校的知识和资源。

四、多元化课程

多元化课程是高职院校教学管理的特点之一，旨在满足学生的多元化需求，并为他们提供广泛的教育选择。高职院校的教学管理包括课程规划，确保提供多种不同领域的课程，包括技术、商业、医疗、工程、设计、餐饮、艺术等多个职业领域。学校通常提供多种专业选择，以满足学生的兴趣和职业目标，这些专业可以涵盖从信息技术到健康护理等各个领域。多元化课程还包括跨学科的选项，让学生获得多元化的学习经验。这些课程可以促进不同领域之间的交叉学习。教学管理涉及课程评估，以确保各门课程的质量和适应性，学校可以根据学生反馈和市场需求对课程进行定期审查和更新。学校应当支持个性化学习，允许学生根据自己的兴趣和目标自定义课程，制订个人学习计划。多元化课程还包括继续教育和职业培训项目，为学生提供不断提升技能和获取知识的机会。学校的课程通常以实际应用和市场需求为导向，以确保学生毕业后能够成功就业。学校还提供多元文化和国际化的课程，提高学生的跨文化沟通能力和全球视野。学校会通过学生满意度调查、毕业生就业率、课程成绩和行业反馈等方式来评估课程多样性的效果。通过提供多元化课程，高职院校能够满足不同学生的需求，培养具备多方面技能和知识的毕业生，增强他们的竞争力和适应性，以应对不断变化的职业环境，这也有助于吸引更广泛的学生群体，提高学校的声誉和吸引力。

五、灵活性

灵活性确保了学校能够适应不断变化的职业需求。学校需要定期审查和更新课程内容，以反映新兴技术、行业趋势和市场需求，这意味着要不断更新课程模块、实验室设备和教材，并确保学生学习的内容与最新的发展趋势保持一致。学校需要灵活地采用不同的教学方法，以满足不同学生的学习风格和需求。学校应支持个性化学习，允许学生根据自己的兴趣和学习速度选择课程和项目，这可以通过提供不同难度的学习路径来实现。学校的教师需要不断提升自己的教育技能和专业知识，以跟上最新的教育趋势和技术进展。专业发展和师资培训计划是确保教师保持灵活性的关键。学校可以提供灵活的课程安排选项，包括全日制和兼职课程，以满足不同学生的时间安排和需求。学校应建立课程评估和反馈机制，以便根据学生反馈和市场需求及时调整课程内容。教学管理还可以利用技术的灵活性，包括在线学习平台、虚拟实验室和教育应用程序，以提供更灵活的学习体验。学校需要密切关注职业市场的变化，以确保他们的课程与市场需求保持一致，这可以通过行业合作伙伴、雇主和毕业生的反馈来实现。

总之，灵活性是高职院校教学管理中的关键特点，确保了学校能够适应快速变化的职业环境，这种灵活性有助于提供实时性和适应性强的教育，培养出具备最新知识和技能的毕业生，使他们能够更好地适应不断发展的职业市场环境。

六、培养综合素养

培养综合素养在高职院校教学管理中具有重要地位，因为综合素养能够提高学生的竞争力和适应性。学校可以提供跨学科的课程，鼓励学生在不同领域之间建立联系，培养综合思考和问题解决能力。这些课程可能涉及多个学科，能够帮助学生更好地理解复杂的问题。学校可以设计综合项目，要求学生在团队中合作解决问题，这有助于培养学生的领导力、团队合作能力、创新能力和解决问题的能力。为了评估学生的综合素养,学校可以采用多样化的评估方法,包括团队评估和综合素养考试等,这些评估方法可以帮助学校更全面地了解学生的综合能力。学校可以提供创新和创业课程,培养学生的创新思维和创业技能,这有助于他们在职业领域中提出新的解决方案。学校可以为学生提供培训,增加就业机会,以提高他们的沟通和领导力,包括演讲训练、团队项目决策制定。学校可以颁发综合素养证书,以表彰学生在不同领域的综合表现,这种证书可以提高学生的就业竞争力。学校可以鼓励学生参与社会活动,培养他们的社会责任感和公民素养。学校可以指定综合素养导师,为学生提供指导和建议,帮助学生提升综合素养。通过培养综合素养,高职院校能够为学生提供更全面的教育,使他们不仅具备专业技能,还具备创新、领导和沟通能力等综合素养,能更好地应对职业挑战和满足社会需求,这种全面的素养有助于学生在不同领域脱颖而出,为他们的职业发展和个人成长打下坚实的基础。

第五节　新时代高职院校教学管理的新理念

一、面向产业需求

新时代高职院校教学管理新理念的第一要点是"面向产业需求"。随着我国经济的不断增长和产业结构的升级转型,各类产业对高素质技术和应用型人才的需求也在不断增长。随着科技创新的推动,传统产业和新兴产业纷纷向高科技、高附加值领域转型,这需要大量具备特定技术和工程知识的人才,如人工智能、大数据分析、云计算等领域的专业人才。一些行业对工匠精神的需求逐渐凸显，这种精神要求员工具备深厚的专业技能和实际操作经验，能够解决复杂的实际问题，高职院校培养的技术型人才需要符合这种需求。新兴产业如新能源、生物技术、人工智能等领域正在蓬勃发展，这些领域需要高水平的技能人才，以推动产业的快速发展。高职院校的毕业生在这一方面具有潜力，可以推动我国产业走向国际市场。高职院校的毕业生在不同产业领域都有就业机会，这种多样性使得高职院校的教育更加受到学生和社会的青睐。因此，高职院校应紧密关注产业需求，调整教学管理理念，以培养具备实际技能和应用能力的高素质人才，为我国经济的持续增长和产业升级转型提供坚实的支持。同时，高职院校也应与产业界建立更加紧密的合作，确保教育与产业需求紧密结合，为学生提供更好的职业发展机会，这将有助于实现高职院校的使命，为社会和国家的发展作出积极贡献。

二、实践教育理念

实践教育作为高职院校教育的核心理念，在新时代背景下显得尤为重要和紧迫。随着我国经济的快速发展和产业升级，各行业对具备实际操作技能的人才需求不断增加，传统的教育形式难以满足这种需求，因此实践教育成为培养应用型人才的有效途径。新时代，社会发展面临着各种复杂而严峻的挑战，需要能解决实际问题的人才。实践教育有助于学生培养分析、判断和解决问题的能力，使他们能够更好地应对未来的挑战。实践教育不仅有助于培养学生的实际技能，还有助于推动产业创新和升级，学生通过参与实际项目和创新活动，可以为产业发展注入新动力。实际操作技能和解决问题的能力是学生职场竞争力的重要组成部分，毕业生具备这些能力更容易找到满意的工作并实现职业晋升。实践教育也为学生提供了创新创业的机会，学校可以鼓励学生参与创业项目，培养他们的创业精神，为新兴产业创新和经济发展作出贡献。实践教育可以拓宽学生的国际视野，促使他们参与国际项目和合作，提高他们的国际竞争力。通过参与实际问题解决和社会服务项目，学生也能够培养社会责任感，为社会发展作出积极贡献。因此，实践教育在新时代高职院校教育中的重要性不可低估。高职院校应当充分认识到实践教育的价值，并积极采取措施，确保学生在校期间获得充分的实践机会，培养他们的实际操作技能、解决问题的能力和创新创业精神，为国家和社会的可持续发展作出贡献。

实践基地的建设对于高职院校的实践教育至关重要。实践基地应当模拟真实的工作环境，包括各类实验室、工作室和实训中心，这些场所可以为学生提供接近实际工作的体验，让他们在安全的环境中进行实际操作和实践活动。高职院校需要投入足够的资源，以确保实践基地配备了高质量的设备、工具和材料，这样可以保证学生在实践中使用现代化的工具，熟悉最新的技术和工艺。实践基地的建设可以促进跨学科的合作，不同专业的学生可以在实践中互相交流和学习，培养综合能力和跨行业的视野。实践基地也可以用于科研和创新活动，高职院校的教师和学生可以在实践基地中进行科研项目，推动科技创新和产业发展。实践基地的建设可以丰富实践项目的种类和数量，对此，高职院校可以扩大实践项目的规模，让更多的学生参与，提高他们的实际操作技能。学生在实践基地中获得的实际操作经验将提高他们的就业竞争力，雇主通常更愿意招聘具备实际操作技能的毕业生，因为他们能够更快地适应工作环境。具备现代化实践基地的高职院校更有可能吸引到优秀的学生，学生和家长通常会关注学校的实践教育资源，这对选择学校具有重要意义。综上所述，实践基地的建设对于高职院校的教育质量和学生发展至关重要。高职院校应积极投入资源，不断改进和扩建实践基地，确保学生能够获得高质量的实践机会，培养他们的实际操作技能，提高他们的就业竞争力，为社会和产业的发展作出积极贡献。

三、创新教育理念

鼓励创新思维是创新教育的核心要素之一，旨在培养学生独立思考、提出新观点以及解决问题的能力。在创新教育中，教育者积极引导学生开展批判性思维，这意味着学生被鼓励质疑现有观念、挑战传统思维方式。通过批判性思维，学生能够更全面地理解问题，找到根本原因，并在解决复杂挑战时提出创新性的解决方案。创新教育还强调创造性思维的培养。学生被鼓励发展创造性的思维方式，寻找新颖的观点和创意的解决方法。这种思维方式不仅有助于在艺术、科学、工程和商业等领域中产生新的想法，还有助于提高学生的问题解决能力，使他们能够应对不断变化的挑战。问题解决能力也是培养创造性思维的关键部分。学校通过实际项目、案例分析和模拟情境等方式，培养学生解决复杂问题的能力。学生学会如何系统地分析问题、制订计划、收集和评估信息，并最终提出可行的解决方案。这种问题解决的方法不仅在学术领域有用，还在职业生涯中具有广泛的应用价值。总之，鼓励创新思维是创新教育的核心目标，它通过批判性思维、创造性思维和问题解决技能的培养，使学生能够在不同领域中成为有创新能力和解决问题能力的领袖。这种思维方式和技能不仅有助于个人的成长，还为社会和产业界带来了创新和持续发展的机会。

创新教育的一个重要方面是创业教育。创业教育鼓励学生培养创业精神和企业家技能，以便更好地应对现实世界中的挑战和机遇。创业教育旨在培养学生的创业意识，使他们能够识别商机并积极追求创新性的解决方案。学生需要学会如何观察市场趋势、了解客户需求以及寻找未被满足的市场空缺，这种创业意识有助于学生培养敏锐的洞察力，使他们能够发现商业机会并提出独特的创意。创业教育还强调创业计划的制订和资源管理的能力。学生需要学会如何制订详细的商业计划，还需要了解如何有效地管理资金、时间和人力资源，以确保创业项目的顺利执行。在创业教育中，学生也会学到如何处理风险和应对挫折。创业道路充满不确定性，学生需要学会分析和评估风险，并准备好应对可能出现的困难，这种抗挫折的能力对于在创业领域取得成功至关重要。

创业教育的最终目标是培养具备创业精神和创业能力的学生，使他们能够成为未来的创业家和企业领袖，这种教育不仅有助于个人的职业发展，还有助于社会的经济繁荣和创新能力的提升。因此，创业教育在创新教育体系中扮演着重要的角色，为学生提供了更广阔的职业发展前景和机会。

创新教育的成功离不开具备创新精神的教育者，他们在教学过程中起着关键的引导作用。对此，首先，教育者需要持续关注教育领域的最新发展趋势，他们应积极抓住专业发展机会，如参加教育研讨会、培训课程和学术研究，以了解最新的教学方法、行业动态，这有助于保持他们的教育知识和技能的更新。

其次，教育者需要开放思维，愿意尝试新的教学方法和教育技术工具，他们应该鼓励自己不断探索创新的教育方式，包括个性化教学、项目教学等，这种开放的态度有助于教育者更好地适应学生的需求和不断变化的教育环境。教育者还应鼓励学生发展创新思维和解决问题的能力，他们可以通过提出开放性问题、组织创新竞赛、鼓励学生参与实际项目等方式，培养学生的创造性思维和团队合作能力，这有助于学生在创新教育中取得更好的成绩。最后，教育者还可以与同事分享自己的教育创新经验和成功故事，这种知识共享有助于构建一个创新教育的学习社区，让教育者相互启发和支持。学校也可以为教育者提供资源和支持，以促进他们参与创新教育。引导教育者参与创新教育需要鼓励他们持续学习和更新知识，保持开放的思维，培养学生的创新能力，并创造一个支持创新的教育环境，这将有助于提高创新教育的质量和效果，为学生提供更好的学习体验和更多的职业发展机会。

创新教育在其核心理念中强调了解决社会问题的重要性，积极地将学生融入社会问题的解决过程。首先，创新教育鼓励学生意识到社会问题的存在。通过教育课程和实践项目，学生有机会深入了解社会问题的背景、原因和影响，从而激发他们对这些问题的兴趣和关注。其次，创新教育推动了学生积极参与社会项目和社区服务学习，这些项目涵盖了各种社会问题，如教育不平等、环境保护、贫困等。学生通过参与这些项目，可以将课堂学习与解决社会问题相结合，将他们的知识和技能应用于实际情境中。此外，创新教育还培养了学生的社会责任感。学生被鼓励思考如何以积极的方式影响社会，为社会问题的解决提供创新的解决方案，这种社会责任感不仅体现在他们的学习生涯中，还延伸到了他们的职业生涯和个人生活中。最重要的是，创新教育通过实际行动培养了学生的领导能力和团队合作技能，解决社会问题通常需要团队协作和领导者的引导，通过参与社会项目，学生学会了与他人合作、制订计划、管理资源、达成共同目标。创新教育关注社会问题，旨在培养具备社会责任感、领导力和解决问题能力的学生。创新教育通过将学生融入社会问题的解决过程，为他们提供了更广阔的视野，使他们能够积极参与社会变革并成为社会的有益成员，这种教育方法不仅有助于学生的个人成长，也为社会的可持续发展和进步提供了有力支持。

四、国际视野

（一）全球合作和交流

新时代高职院校教学管理新理念之国际视野是指高职院校在教学管理方面引入了国际化的理念和元素，以适应全球化时代的需求和挑战。国际视野强调全球合作和交流，为高职院校教学管理带来了多方面的益处。高职院校积极参与国际教育项目，如国际学生交流、暑期学校、双学位课程等，这些项目为学生提供了与国际同龄人互动学习的机会，促进了跨文化理解和友谊的建立。学校鼓励教师和学者参与国际交流，包括访问其他国家的学校、参加国际研讨会和合作研究项目，这有助于教师拓宽教育视野。学校与国际伙伴机构建立研究合作关系，共同解决全球性问题，这种合作涉及领域广泛，如科学研究、技术开发、社会科学、环境保护等，能够促进知识的共享和学术交流。学校开设国际化课程，吸引国际学生前来学习，这种多元化的教育环境丰富了课堂讨论形式，提供了不同的文化视角，有助于学生更好地理解全球问题。学校组织文化交流活动，如国际文化节、国际美食节等，让学生更好地了解其他国家和文化，这有助于培养他们的跨文化沟通和全球意识。学校与国际伙伴合作实施项目，如跨国实习项目、研究合作和创业竞赛，这提供了学生应用所学知识的机会，并培养了解决全球性问题的能力。全球合作和交流不仅拓宽了高职院校的国际视野，还为学生和教师提供了宝贵的国际化经验，这种国际视野有助于学校更好地满足全球化时代的需求，培养具备跨文化能力和全球视野的毕业生。同时，与国际伙伴的合作也有助于解决全球性挑战和推动教育领域的创新。

（二）全球课程和多语言教育

学校的全球课程和多语言教育是国际视野的重要组成部分，对于培养具备全球竞争力的学生具有重要意义。学校的全球课程通常覆盖了国际问题、全球经济、国际政治、跨文化交流等多个领域，这些课程旨在帮助学生更好地理解全球性挑战和机会，通过学习全球课程，学生能够获得有关不同文化、国际关系和全球发展的深刻见解，这有助于他们更好地适应国际化职场和参与全球性问题的解决。学校鼓励学生学习多种语言，培养他们的跨文化沟通和多语言能力，多语言教育通常包括提供外语课程、语言交流项目和国际语言认证，这有助于学生在国际职场中更好地与不同语言背景的人合作，并提高了他们的全球竞争力。此外，多语言教育也为学生提供了更多的国际交流和求职机会。综合来说，全球课程和多语言教育是国际视野的关键组成部分，有助于学校培养具备全球意识和跨文化能力的学生。这些学习机会不仅拓展了学生的知识领域，还为他们提供了更广泛的国际交流和职业发展机会。通过全球课程和多语言教育，学校为学生提供了适应全球化时代的强大工具，使学生能够更好地理解和参与全球社会。

（三）国际招生和多元文化校园

国际招生和多元文化校园是国际视野中的重要组成部分，对于提供丰富的学习体验和促进跨文化理解至关重要。学校积极招收来自不同国家和地区的学生，这有助于国际化校园的建设。国际学生的到来带来了多元化的文化、语言、价值观和学术背景，丰富了校园的文化多样性。国际学生也带来了对国际环境和全球问题的不同看法，激发了有关全球问题的深刻讨论。此外，国际学生的存在还促进了文化交流，为本地学生提供了更多的机会与来自其他国家的人互动和合作。学校通过鼓励发展多元文化校园环境来培养学生的跨文化能力，包括举办国际文化节、创建跨文化交流项目、提供多语言学习机会等。多元文化校园环境创造了开放、包容和尊重多样性的氛围。学生可以在这样的环境中学会尊重不同文化背景的人，理解跨文化交流的重要性，提高国际竞争力。综合来说，国际招生和多元文化校园是国际视野的关键元素，有助于学校为学生提供更丰富的学习体验，培养跨文化能力和全球意识。这些措施不仅丰富了校园生活，还为学生提供了更广泛的国际交流和职业发展机会，有助于他们成功地参与和融入全球化的世界。

（四）国际化教师队伍

国际化教师队伍是拓宽国际视野的关键要素之一，它对提高教学质量、拓宽学生视野和推动国际合作具有重要意义。学校可以积极招聘来自不同国家和地区的教师，以确保教师队伍具备国际视野和多元文化的背景，这些教师通常具有丰富的国际教育经验和全球问题的专业知识，能够为学生提供与世界各地文化和社会有关的见解，他们具备多语言教学能力，有助于提高学生的语言技能水平。国际化教师队伍可以参与课程设计，为学生提供全球性的课程内容，他们能够将国际视野融入教学，介绍国际案例、跨文化研究和全球问题，帮助学生更好地理解全球挑战和机会。国际化教师队伍可以促进学校与国际伙伴的合作项目，包括学生交流、联合研究和国际合作课程，这些项目为学生提供了与国际同行合作的机会，丰富了他们的国际化经验。国际化教师队伍可以组织文化交流活动、国际研讨会和跨文化培训，培养学生的跨文化沟通和理解能力。他们的多元文化背景和经验丰富的教学方法有助于学生更好地适应国际化环境。总之，国际化教师队伍不仅为学校带来了多元化的教育资源，还为学生提供了更广泛的国际视野和跨文化体验，这有助于培养具备全球意识和跨文化能力的学生，为他们未来的职业发展和国际交流提供更多机会。同时，国际化教师队伍也有助于学校提升国际声誉和竞争力。

第二章　高职院校教学管理面临的挑战

第一节　传统管理模式的限制

一、缺乏个性化教育

传统管理模式通常以标准化的课程和教学方法为基础，这对不同学生的个性化需求和发展路径产生了限制。学生的学习风格、兴趣和知识水平各不相同，传统模式难以充分满足他们的差异化需求。新时代的学生更加个性化，他们需要更灵活的学习体验。个性化教育可以更好地激发学生的学习兴趣，帮助他们更有效地掌握知识和技能。实施个性化教育需要大量的技术和数据支持，以监测学生的进展、定制课程和提供反馈。传统管理模式缺乏这些资源和系统，使得个性化教育难以实现。个性化教育要求教师具备更丰富的教育技能，包括个性化教学方法和学生辅导技巧，传统教师培训无法充分满足这些需求。引入个性化教育需要调整教学管理体系，包括对课程设计、学生评估、课程评估和师资培训等方面的改革，这些改革需要时间和资源。传统教育缺乏这些教学管理的基础。

二、以教师为中心的教学

传统管理模式的限制还包括以教师为中心的教学。教师在教学过程中扮演主导角色，而学生在接受知识的过程中缺乏主动性和参与性。传统的以教师为中心的教学模式侧重于向学生传授知识，强调教师的讲解和指导，而较少强调学生的主动学习和思考。在这种教学模式下，学生通常被视为知识的接收者，他们的参与度较低，这可能导致学生对课程内容的兴趣和投入不足。以教师为中心的教学模式通常不太注重学生的创新能力和批判性思维能力的发展，因为学生只需要遵循教师的指导和要求。这种传统的教学模式难以实现个性化教育，因为教师通常难以满足每个学生的不同需求。随着社会和科学技术的发展，传统的教学模式无法适应新的需求。

三、缺乏互动和合作

传统教学模式通常强调师生之间的知识传授，而较少强调学生之间的互动和合作。传统教学模式倾向于将教学视为教师向学生传授知识的过程，学生主要作为知识接收者，这种单向的知识传授限制了学生的主动参与和互动。传统教学模式较少强调学生之间的合作和团队工作，而这些能力在现实生活和职业发展中变得越来越重要，学生需要与他人合作，解决复杂问题，但传统教学模式未能培养学生这方面的能力。传统教学模式偏向于理论性的教育，较少强调实际经验和实践，这使得学生在面对实际问题和挑战时可能会感到不适应。现实生活中的问题通常需要跨学科的知识和解决方案，但传统教学模式往往将知识划分为孤立的学科，缺乏跨学科合作的机会。

四、教育评估标准的单一化

传统管理模式通常过度依赖标准化的考试和测验来评估学生的学习表现，而这种评估方式无法全面反映学生的真实能力。传统评估方法更注重学生的知识记忆，而较少关注他们的实际应用能力，这可能导致毕业生在参加工作后感到不适应。传统评估方法通常集中在学业成绩上，而忽视了其他关键素养，如创新能力、团队合作技能、领导力等。传统评估方法难以全面评估学生的学习过程，而这一过程对于职业和个人发展非常重要。教学质量评估需要综合考虑教学质量、课程设置、学生满意度等多个因素，但传统评估方法往往较为狭隘，评估结果也未被有效地运用于改进教学质量和教学方法的工作中。这些问题反映了传统教育评估方法在应对新时代教育需求和挑战方面的局限性。高职院校需要思考如何更新评估方法，以更好地反映学生的能力和素养，促进综合素养的培养，以及更好地适应现实职业需求和社会发展需求。

五、难以适应技术和社会的变革

当前社会科技的发展速度非常迅猛，新技术和新工具不断涌现，传统管理模式可能难以跟上这一变化，导致教学内容和教学方法的过时。教育技术的整合需要对管理模式进行彻底的改革，包括课程设计、在线学习平台的使用和虚拟实验室的建立等，这种改革可能会受到传统模式的阻碍。社会的需求和职业市场的变化需要新的技术，传统管理模式下的课程和教学可能无法满足这些新需求。技术和社会变革要求学生具备跨学科的知识和综合素养，但传统模式难以有效培养这些能力。新的教学模式，如在线学习和远程教育，已经成为重要的教育方式，传统模式需要适应这种变化，以便提供灵活的学习机会。

六、不够关注学生的参与度和动力

传统管理模式下，学生更多地扮演被动接受知识的角色，而缺乏主动学习的动力。如果教学内容和方法未能激起学生的兴趣和好奇心，他们可能失去学习动力。学生缺乏明确的学习目标和职业规划，会导致学习动力的减弱。教育质量不高、教学方法单一或教材过时等问题可能导致学生失去学习的兴趣和动力。学习过程中的挫折感和焦虑可能导致学生的学习动力不足，尤其是在学习任务过于繁重或难度较大的情况下。如果教学管理不提供个性化的支持和关怀，学生可能会感到被忽视，进而导致学习动力减弱。这些问题突显了学生参与度和动力在教学管理中的关键性。高职院校需要努力解决这些问题，以提高学生的学习积极性，从而更好地促进他们学习动力的提升。

七、缺乏数据支持决策

传统管理模式下，教学管理和决策往往更依赖于个人经验和主观判断，而不是基于数据的科学决策。学校可能缺乏有效的数据收集、整理和分析机制，无法全面了解教育过程和学生表现。传统管理模式下，衡量教育质量和学生成功的标准可能较为模糊，缺乏明确的指标和数据支持。学校未能充分了解学生的需求、反馈和期望，导致决策不够符合学生的实际需求，缺乏数据支持的决策可能难以推动教育质量的改进和持续优化。缺乏足够的数据支持可能导致学校无法预测和应对未来的变化和挑战。这些问题突显了数据在教学管理中的重要性。高职院校需要建立有效的数据收集、分析和应用机制，以便更好地支持决策制定、改进教育质量和提高学生满意度。基于数据驱动的决策能够更好地满足学校和学生的需求，并提高教学管理的效率。

第二节 技术和社会变革对教学管理的影响

一、数字化教育工具的普及产生的影响

数字化教育工具的普及对教学管理产生了深远的影响,提供了许多新机会,但也伴随着一系列的挑战,包括隐私问题、数字鸿沟和教育不公正等。因此,教学管理需要综合考虑这些因素,以确保数字化教育工具的有效使用,提高教学质量,并满足学生的需求。教学管理者需要不断更新策略和培训教师,以适应数字化教育工具的快速发展,确保教育体系的持续改进。

(一)个人数据安全问题

个人数据安全问题在数字化教育工具的使用中是一个关键点。个人数据包括学生和教师的个人身份信息、学习记录、学习偏好、联系方式等敏感信息,这些数据的安全性问题涉及以下方面:如果数字化教育工具的数据库或存储系统遇到黑客攻击或未授权访问,个人数据可能被窃取,在这种情况下个人隐私可能会受到侵犯,个人信息也可能会被用于不法活动。数字化教育工具提供商或教育机构可能会滥用个人数据,如未经授权卖给广告、销售、市场营销商等,这种行为损害了用户的隐私权。在某些情况下,个人数据可能被共享给第三方,这可能是出于商业目的或基于合作伙伴关系,然而,共享个人数据时未经用户的同意且存在数据的安全性问题。个人数据可能因为不恰当的数据保管方式而遭受风险,如未经加密的存储、密码不安全、数据备份不足等。用户可能不清楚数字化教育工具如何收集、使用和存储其个人数据,缺乏透明度可能导致隐私风险。因此,保护个人数据安全是数字化教育工具开发和使用中的重要挑战之一。教学管理者和技术提供商需要采取适当的措施来确保用户的个人数据受

到充分的保护，同时制定明确的隐私政策和数据使用规则，以加强数据安全和用户隐私的保护。

（二）家庭隐私

家庭隐私问题涉及在家庭环境中使用数字化教育工具时，家庭成员的个人隐私和信息安全。家庭通常共享计算机、平板电脑、智能手机和网络连接，当家庭成员使用这些设备参与在线学习时，他们的个人数据可能会被其他家庭成员访问或共享，这可能会引发隐私问题。家庭网络的安全性可能会受到威胁，特别是如果家庭成员没有足够的网络安全意识，就可能导致家庭成员的敏感信息遭受网络攻击，面临数据泄露的风险。家庭成员可能不希望其个人信息被收集、存储或共享，尤其是儿童的敏感信息，包括姓名、年龄、住址、照片和联系信息等，数字化教育工具需要确保对儿童的个人数据收集和使用符合儿童隐私法规要求。家庭成员在家庭环境中使用数字化教育工具可能会引发家庭关系的紧张，家长可能想关心子女的在线活动，然而子女可能希望保护个人隐私。家庭成员需要了解数字化教育工具的隐私政策，以确保他们的隐私得到充分尊重，包括数据收集、使用、存储和共享的方式，以及用户的隐私权。解决家庭隐私问题需要采取综合性的措施，教学管理者和数字化教育工具提供商应提供清晰的隐私政策和用户指南，以帮助家庭成员了解数字工具的隐私做法。此外，家长应与子女一起讨论在线隐私问题，教育他们保护个人信息和安全使用数字工具。此外，应提供网络安全教育，以确保家庭网络的安全性。总之，家庭隐私问题是数字化教育工具应用中的一个重要方面，需要综合性的解决方案，以平衡好教育创新和个人隐私保护问题。

（三）云存储风险问题

将教育数据和个人信息存储在云服务器中可能会存在一些风险。尽管云存储提供商通常会采取各种安全措施来保护存储在其服务器上的数据，但数据的安全性仍然可能受到威胁。黑客攻击、数据泄露或未授权访问可能导致数据丢失、泄露或被盗。存储在云服务器中的教育数据和个人信息可能包括学生和教师的敏感信息，如成绩、学习记录和联系信息等，如果云存储提供商未能妥善保护这些信息，那么可能会引发隐私侵权问题。存储在云服务器中的数据的所有权问题可能会引起争议，因此，学校需要明确了解他们与云存储提供商的合同中关于数据所有权和使用权的规定。云存储的可用性和可靠性是另一个问题，如果云服务出现故障，会导致学校无法访问其存储在云服务器中的数据，进而影响教学活动和教学管理。存储在云服务器中的数据需要定期备份以应对数据丢失或损坏的风险，如果云存储提供商未能提供有效的备份和数据恢复机制，可能会导致数据永久丢失。学校需要确保他们在使用云存储服务时遵守相关的法律法规，如数据保护法和隐私法，这可能涉及数据加密、访问控制和数据报告等方面的合规性要求。如果学校决定更改云存储提供商或将数据迁移到其他平台，可能会遇到数据锁定问题，导致数据无法顺利转移，从而影响教学管理的实施。综合来看，云存储是一个便捷的数据管理和存储解决方案，但也伴随着一系列潜在的风险和挑战。教学管理者需要谨慎选择云存储提供商，并采取适当的安全措施来确保数据的安全性和隐私保护。同时，与云存储提供商的合同应明确规定数据的所有权、备份政策和数据可用性保证，以确保教育数据的可靠性和合规性。

（四）学生身份验证

学生身份验证涉及在线学习环境中参与者的身份是否合法和真实的问题。在线学习中，学生可能会通过作弊或伪造身份来获取不正当优势，如请他人代写作业、参加在线考试或使用其他人的登录凭据等。学校需要确保在线课堂中的学生是合法注册并参与课程的学生，这就需要验证学生的真实身份，以防止冒名顶替。学校需要遵守适用的法律法规，以保护学生的隐私。与学生身份验证相关的数据需要得到妥善保管，以防止数据泄露和滥用。综合来看，学生身份验证问题是在线学习环境中的关键问题之一。教学管理者需要采取合适的身份验证方法，以确保学生的真实身份，并同时保护学生的个人隐私，这就需要综合考虑技术、法律合规性和学生体验等因素，以平衡安全性和便捷性。

二、远程教育和在线学习带来的挑战

（一）技术要求和数字鸿沟

技术要求和数字鸿沟对远程教育和在线学习的普及是一个挑战，涉及学生和教师的技术能力以及互联网访问条件。远程教育和在线学习通常需要学生和教师具备一定的技术能力，包括但不限于计算机操作、互联网浏览、使用学习管理系统（LMS）或在线教育平台的基本技能等。此外，教师还需要了解和使用教育技术工具以有效地传授课程。远程教育的关键要素之一是稳定的互联网连接，学生和教师需要访问高速互联网，以便在线学习过程中能够流畅加载教学内容、参与在线讨论、提交作业和参加视频会议，然而互联网访问在不同地区和家庭之间存在差异。学生需要适当的设备来参与在线学习，这些设备需要足够的性能和存储容量来运行在线学习平台和应用程序。学生和教师需要安装和使用特定的软件和应用程序，如视频会议工具、文档编辑器、屏幕共享工具等，以便参与教学内容互动和师生交流。学生和教师需要具备一定的数字素养，包括信息搜索和评估、在线安全和隐私保护、数字内容的创建和分享等方面的素养。数字鸿沟指的是那些由于经济、地理或社会因素，无法获得适当的数字技术和互联网访问条件的人所面临的不平等现象，这种鸿沟导致一些学生无法参与远程教育，无法拥有平等的学习机会。

（二）缺乏面对面互动

缺乏面对面互动可能会影响学生的社交和协作技能，以及整体学习体验。传统课堂教学通常提供了丰富的学习互动机会，如师生互动、学生之间的讨论和小组项目互动。然而，在远程教育中，缺少面对面的互动机会，学生会错过与教师和同学之间的深入交流和学习互动。面对面互动有助于学生发展社交技能，如沟通、团队合作和问题解决，缺乏这些互动可能会影响学生社交技能的培养。对于某些学科，如工程和医学，实验室实践和实际操作是不可或缺的，远程教育可能无法提供与实验室环境相媲美的实际经验，这对于培养相关专业的学生技能可能构成了挑战。一些学生可能会在远程学习中感到孤独,因为他们无法像在校园中那样与同学互动,这种孤独感会导致学生的动力下降,弱化学习效果。尽管远程教育可以通过在线讨论、虚拟小组项目和即时消息工具等来弥补面对面互动的不足,但这些工具的有效应用还需要一定的培训。

(三)抄袭或代写作业

抄袭或代写作业是远程教育和在线学习中普遍存在的严重问题。抄袭是指学生将他人的作品、思想、观点或文字材料,包括书面作品、网络文章、报告等,作为自己的原创作品提交,而没有充分引用或署名原作者。代写作业是指学生雇佣他人(通常是付费服务)完成作业或论文,而不是亲自完成。抄袭和代写作业在远程教育和在线学习中,特别是在没有监督的远程考试或在线作业中尤为普遍。抄袭和代写作业严重违反了学术诚信原则,损害了学生的学术道德和教育价值观,这些行为削弱了学生的独立学习和问题解决能力。当学生抄袭或使用代写服务时,他们未能真正理解和掌握课程内容,这可能导致教育质量下降,因为学生没有获得必要的知识和技能。

三、学习数据分析的影响

(一)数据质量和一致性有待提高

数据质量和一致性是学习数据分析中至关重要的因素,对于有效的教学管理和决策制定具有重要意义。数据质量指的是数据的准确性、完整性、一致性、及时性和可靠性。如果学习数据存在问题,如错误、遗漏或不一致,那么数据分析的结果将不可靠,可能导致不准确的决策。例如,学生的成绩记录如果包含错误的分数或缺失数据,对他们学习表现的评估将会受到影响。数据一致性是指在不同的数据源和系统之间数据的一致性和协调性。在教学环境中,学习数据可能有多个来源,如学生信息系统、在线学习平台、教育应用程序等,这些数据源的数据应该能够互相匹配和协同工作,以提供全面的视图。如果数据不一致或不协调，可能导致信息碎片化。为了提高数据统计的质量，学校通常需要进行数据清洗和预处理的工作，包括发现和纠正数据中的错误、填补数据缺失值、解决数据格式问题以及确保数据的一致性。数据清洗和预处理需要耗费时间和资源，但它们是确保数据质量的必要步骤。对使用学习数据进行教学管理的教育者和管理员来说，培训和教育很关键，他们需要了解数据的特性、质量控制方法和如何正确解读数据以支持决策。在教学管理中，学校需要确保高质量和一致性的学习数据，通过维护数据质量和一致性，学校可以更好地了解学生的需求、评估教学效果，并采取有针对性的措施来提高教育质量。

（二）技术基础设施需要扩充

技术基础设施在对学习数据的分析中扮演着至关重要的角色，它为数据的收集、存储和处理提供了必要的支持。学习数据通常包括学生的个人信息、学习成绩、行为数据等，这些数据需要强大的存储系统来安全地存储和管理。学校需要购置大容量、高性能的数据存储设备，以应对不断增长的数据量。数据分析通常需要大规模的计算资源，尤其是在进行复杂的数据挖掘和机器学习分析时，学校需要确保拥有足够的计算能力来快速处理和分析学习数据。数据的传输和分享需要足够的网络带宽，以确保数据可以在不同的系统和位置之间流畅传递。高速互联网连接对于实时数据分析和协同工作至关重要。强大的技术基础设施还必须包括网络安全、数据加密、身份验证和访问控制等，以保护学习数据免受潜在的威胁和攻击。学习数据通常分布在不同的系统和应用程序中，如学生信息系统、在线学习平台、图书馆数据库等，学校需要整合这些不同的数据源，以实现全面的数据分析。数据丢失或损坏可能会导致严重后果，因此学校需要制订定期备份和紧急恢复计划，以确保数据的持久性和可用性。综上所述，强大的技术基础设施是支持学习数据分析的关键要素。学校需要投资适当的硬件、软件和网络基础设施，以确保数据的安全性、可靠性和可用性，从而支持更好的教学管理和决策制定。同时，技术基础设施的规划和维护也是确保学校顺利运行的关键。

（三）过度依赖学习数据和分析结果

过度依赖学习数据和分析结果可能导致一些不利的影响，包括机械化的教学方法和忽视教育的人文性和创造性方面。过度依赖数据可能导致教育者过于依赖标准化的教学方法和课程设计，他们可能倾向于仅关注那些在数据分析中表现良好的方法，而忽视了创新性和多样性的教学策略。学习数据可以提供有关学生群体的见解，但它们往往无法捕捉到每个学生的独特需求和学习风格，过度依赖数据可能导致忽视了学生的个体差异，从而影响了个性化教育策略的实施。教育不仅仅是知识传授，还包括价值观、道德教育、批判性思维和创造性思考等人文方面的要素，如果只重视知识传授，可能会忽视这些重要的人文价值。教育者的专业判断和经验在教学中起着关键作用，如果过于依赖数据，可能会降低教育者的主动性和判断力，使他们成为数据的从业者而非教育的引导者。教育是一个综合性的过程，不仅仅是教与学的活动，它还涉及情感、社交互动、文化因素和生活技能的培养，过度依赖数据可能忽视了这些方面的重要性。过分强调学习数据和分析结果会导致素质教育退回应试教育的倾向，教育者可能会将重点放在进行标准化测试的准备工作上，而忽视了综合性的学习和成长。

（四）不平等和不公正问题

不平等和不公正问题在学习数据分析中是至关重要的因素，因为不当的数据使用可能会导致不公正的结果。学习数据分析中的潜在偏见可能源于数据的收集、处理和解释方式。如果数据采集方法存在偏见，或者分析算法反映了某种歧视性倾向，那么结果可能对不同群体的学生产生不公平的影响，这可能表现为成绩预测、学生评估或资源分配等方面的问题。收集学习数据需要谨慎处理隐私问题，学生的个人信息和学习数据应该受到保护，并且学校应该获得知情同意授权来收集和使用这些数据，违反隐私法规或未经学生同意收集数据可能引发争议。学习数据分析可能影响到学生的资源分配和支持服务。如果数据分析导致某些学生得到更多的资源和支持，而其他学生被忽视，那么可能导致不平等问题。学习数据应该得到妥善的保管和安全保护，以防止未经授权的访问或数据泄露。未经授权的数据访问可能导致学生信息泄露，这是一个严重的问题。学习数据分析的过程应该是透明和公开的。学校应该向学生、家长和其他利益相关者解释数据的收集目的、分析方法和潜在的影响，透明度有助于建立信任和减少伦理疑虑。综上所述，不公平和不公正问题在学习数据分析中至关重要，学校应该积极采取措施来识别、预防和解决这些问题，以确保数据的合法、公平和透明，以支持教育的公平和公正。伦理问题的处理应该成为数据分析工作的不可或缺的一部分，以确保数据的积极影响并尊重学生和教育者的权益。

四、互动教学工具使用带来的困难

互动教学工具可能会受到技术故障或不稳定因素的影响，可能会导致教学中断或学习困难。学校需要制订备份计划以应对这些问题。

（一）硬件和软件故障

硬件和软件故障是互动教学工具使用过程中可能遇到的重要问题，它们会对教学产生不利影响。学生和教育者通常依赖计算机或移动设备来访问互动教学工具，如果计算机出现故障，如操作系统崩溃、硬件故障或磁盘问题，学习过程将会受到影响。互动教学工具通常需要稳定的互联网连接，如果网络连接不可靠，学生在学习中会经历断线、缓慢的加载速度或无法访问在线资源的问题。不同的设备和操作系统之间可能存在兼容性问题，导致某些互动工具在特定设备上无法正常运行。互动教学工具通常以应用程序或网页应用的形式提供，如果这些应用程序崩溃或不响应，学生和教育者可能无法继续开展学习活动。软件经常需要更新以修复漏洞和增强功能，更新也可能导致新的问题，尤其是如果更新不完全或不兼容现有的硬件或软件环境。总之，硬件和软件故障会对互动教学工具的使用产生负面影响，但通过预防性维护、备份计划和提供技术支持，可以减少这些问题对教学管理的干扰。学校应该致力于确保学生和教育者能够顺畅地访问和使用互动工具，以有效地支持教学活动。

（二）网络稳定性

在使用在线互动教学工具时，网络稳定性问题确实是一个常见的挑战。学生和教育者依赖互联网连接来访问在线互动工具，如果网络连接速度较慢或不稳定，学生可能会面临加载时间延长、视频缓冲或在线会话中断的问题，这会导致学生的学习进度受到影响，降低教学效果。使用在线互动教学工具可能需要较高的技术要求和带宽，在一些地区或家庭中，可能存在网络带宽不足的问题，导致学生无法顺畅地访问和使用这些工具。学生的地理位置也会影响网络稳定性，在某些偏远地区或网络基础设施不完善的地方，网络连接更不可靠。网络不稳定会导致学习不连贯，学生会在教学过程中失去重要的内容或互动，这对于理解和参与课程非常关键。对教学管理而言，网络稳定性问题可能会引发学生和家长的抱怨，需要学校投入额外的资源来解决这些问题，以保持教育的质量和连贯性。

（三）数据丢失和恢复

数据丢失和恢复问题是在线教育和互动教学工具使用中可能面临的重要挑战之一。数据丢失可能会在多种情况下发生，如教育平台或应用程序的技术故障、网络中断、学生或教育者的设备问题、意外退出等，这可能导致已经进行的学习活动和互动的数据无法保存或记录。

数据丢失会对学生的学习进展产生负面影响，学生需要重新完成已经做过的作业，或者丢失重要的学习记录，这对于跟踪学生的学习进展和评估学习成果非常关键。恢复丢失的数据需要时间，学校或技术支持团队可能需要通过数据备份或日志来尝试恢复数据，这不是一项简单的任务。学生可能会对数据丢失感到不满，特别是如果他们已经投入了大量时间和努力来完成学习活动，这可能会影响他们的学习积极性和教育体验。

五、跨界教育造成的影响

跨界教育涉及不同学科和领域之间的交叉和融合,旨在培养具备多学科知识和技能的学生。这种教学模式虽然具有许多优势,但也面临一些挑战,对教学管理提出了要求。

(一)资源分配和管理

跨界教育涉及的多学科教育者和专业人员需要经过精心的资源分配和管理,以确保他们能够有效地支持跨界课程的实施。为了开展跨界教育,学校需要招聘来自不同学科领域的教育者,包括寻找具备跨学科知识和教育经验的教师、研究员和实验室技术人员,招聘需要进行广泛的搜寻和招聘流程,以吸引多学科背景的候选人。一旦多学科教育者被聘用,学校需要制订培训和发展计划,以帮助他们适应跨界教育的要求,包括提供跨学科教育的培训课程,培养他们的合作和协作能力,以及了解不同学科领域的最新发展情况。学校需要建立管理体系,以有效地管理教育者的工作,包括分配教学任务、监督教育者的教学活动、提供支持和反馈,以及评估他们的教育质量。多学科教育者的多样性对于跨界教育的成功至关重要,学校需要努力促进多样性和包容性,以吸引和留住不同背景的教育者,从而为学生提供更为丰富和多元化的学习体验。为了保持多学科教育者的积极性,学校需要提供适当的激励措施和职业发展机会,包括奖励计划、晋升机会和专业发展支持等。为了促进多学科教育者之间的合作,学校可以创建跨学科合作平台,使他们能够分享知识、经验,以提高跨界教育的质量和效果。总之,资源分配问题涉及招聘、培训、管理和激励多学科教育者,以确保他们能够成功参与跨界教育的实施,这需要学校的综合规划和有效管理,以支持学生在跨学科学习中的成长和发展。

(二)教育设施和实验室的资源分配

教育设施和实验室的资源分配问题在跨界教育中具有重要性,因为这些设施是支持多学科实践性学习的关键要素。学校需要规划和建设适合跨界教育需求的教育设施和实验室，包括创建跨学科研究中心、教育创新实验室或模拟实验室，以支持不同学科领域的合作和实践性学习。资源分配问题在于如何确定设施的位置、大小、设备和功能，并安排相应的预算。跨界教育通常需要现代化的设备和技术支持，包括科学实验设备、计算机工作站、数据分析工具等，以确保学生能够进行跨学科研究和实验。资源分配问题在于如何购置、维护和升级这些设备，并提供必要的技术支持。教育设施的安全和维护是重要问题，资源分配需要考虑安全措施、设施维护团队和定期检查，以确保设施的正常运行和学生的安全。教育设施的资源分配也应考虑可持续性和环保因素，如能源效率、废物管理、使用可再生能源和环保材料。一些教育机构可能面临资源短缺的挑战，在这种情况下，可以资源共享，允许多个学校共同使用设施和实验室，但是要建立和完善资源分配的合作协议和管理机制。学校需要综合规划设施和实验室，以适应未来的教育需求，包括对设施和设备的长期投资计划，以保持其现代化和有效性。

（三）财务和预算管理

跨界教育的财务和预算管理是确保这种教学模式顺利运行的关键因素。学校需要仔细规划跨界教育的预算，包括课程开发、设施建设、教育者和工作人员薪酬、设备和技术支持等方面的费用，预算规划需要细致考虑各个方面的成本，以确保有足够的经费可供使用。跨界教育的财务支持有多个来源，包括政府拨款、学费收入、研究资助、捐赠等，资源分配问题在于如何合理分配和整合这些资金，以满足跨界教育的需求。学校需要确定如何分配经费以支持跨界课程的不同方面，例如课程开发、设施维护、教育技术和学生支持服务，这就要求制订合理的经费分配计划，以确保每个方面都得到足够的支持。学校需要考虑跨界教育的费用收入和成本效益，包括确定学费设置、奖学金政策和学生招生计划，以确保财务可持续性。预算规划也需要考虑潜在的风险和不确定性因素，如学生招生变化、政府拨款减少或额外成本，制定风险管理策略是确保财务稳定的重要步骤。财务资源的分配和使用需要定期监督和报告，学校需要建立有效的财务管理体系，确保资源可以按照计划使用，并定期审计和评估财务状况。一些学校可能会与其他机构建立合作伙伴关系，以共同筹集和管理财务资源，这可以减轻财务压力，实现资源共享。有效的财务规划和预算管理，能够确保有足够的资源用于提高教育质量和促进学生发展。财务资源的分配应与学校的长期战略目标和教育质量保障计划相一致，以实现跨界教育的目标。

六、教师角色演变产生的影响

（一）导师和指导者

教师在教育改革中作为学生的指导者，这一变化对教学管理产生了深远影响。教师现在更加注重个性化学习，根据每个学生的需求和兴趣，提供定制化的指导和支持。技术工具和在线资源使教师能够更好地了解学生的学习水平和风格，从而提供更有针对性的建议和反馈。教师不仅传授知识，还鼓励学生培养问题解决和批判性思维能力，引导学生使用技术工具来分析数据、探索解决方案，并在面临挑战时培养创新性思维，这有助于学生在解决实际问题时更具自信和独立性。在信息时代，过滤信息的重要性日益凸显，教师的指导有助于学生区分可信的信息源，并培养信息素养。教师需要激发学生的自主学习和学习动力，他们不再仅仅传授知识，而是激发学生的好奇心和求知欲，鼓励他们积极参与学习过程，这种激发学生内在动机的方法有助于培养终身学习者。教师还需要提供定期反馈，帮助学生了解他们的学习表现，并提供改进建议。通过在线工具和学习管理系统，教师能够更及时地跟踪学生的进展，以便提供个性化的支持和指导。教师利用技术工具来增强导师和指导者的角色，如使用虚拟实验室、在线模拟和协作工具等，以帮助学生进行实践性学习和远程合作。在技术和社会变革的背景下，教师更倾向于跨界合作，他们可能与其他教育者、专业人员和领域专家合作，为学生提供更广泛的指导和支持，以满足复杂的学习需求。总之，教师作为导师和指导者的角色不再局限于传授知识，而更侧重于培养学生的综合能力和自主学习能力，他们的指导不仅包括学科知识，还包括信息素养、问题解决技能和批判性思维，以帮助学生在日益复杂和多变的世界中取得成功。

（二）课程设计者

技术使个性化学习成为可能，教师需要根据学生的需求、兴趣和学习风格来设计课程，他们可以利用教育技术工具和学习管理系统来跟踪学生的进展，并根据数据来调整课程内容和难度，以满足每位学生的需求。教师需要从各种在线资源中选择和整合内容，包括数字教材、开放式教育资源、在线模拟和多媒体素材，这使得课程内容更加丰富多样，能够更好地吸引学生，并促进深度学习。教师需要保持对教育技术和最新教学方法的关注，以不断更新课程，这意味着他们需要参加专业发展培训和研讨会，与同行分享最佳实践，以确保课程与时俱进。教育技术的应用促使跨学科教育变得更加可行，教师可以设计跨学科课程，将不同学科的知识和技能整合在一起，以解决复杂的问题和挑战。教育技术使课程评估更加容易和全面，教师需要利用在线测验、作业和反馈工具来跟踪学生的学习表现，并根据数据进行课程改进，这有助于提高课程质量和学习效果。教师需要确保课程内容与学习目标和教育标准相一致，他们的课程设计应该有助于学生达到特定的知识和技能水平，以满足教育要求。教育技术还支持适应性教学模式，其中课程根据学生的表现和需求进行调整，这意味着教师需要创建灵活的课程，以满足不同学生的学习水平和学习速度。因此，教师作为课程设计者的角色变得更加重要，他们需要利用技术和多元化的资源来创造个性化、创新和高效的教育体验，这需要不断学习和更新课程，以适应不断变化的教育环境和学生需求。通过精心设计的课程，教师可以帮助学生实现更好的学习成就和综合能力的发展。

（三）技术集成专家

教师作为技术集成专家的角色在教学管理中发挥着重要作用。教师需要具备教育技术知识和技能，包括熟练应用虚拟教室、在线协作工具、学习管理系统、教育应用程序等。教师需要评估不同的教育技术工具，以确定哪些工具比较适合他们的课程和学生群体，包括考虑工具的互动性、用户友好性、适用性和教学价值。教师要能够有效地整合教育技术工具到课程设计和教学实践中，他们需要确定如何更好地利用这些工具来增强学生的参与度、学习体验和教育成果。教师还需要为学生提供必要的技术培训和支持，包括指导学生如何使用教育技术工具、解决技术问题以及利用在线资源进行学习。教师可以利用教育技术工具来收集学生数据，并进行分析以改进教学，他们可以跟踪学生的学习进展，了解哪些领域需要额外的支持，并根据数据提供个性化的反馈。教师需要了解教育技术工具的安全和隐私问题，并确保学生的个人数据和信息得到妥善保护；教师还需要遵守隐私法规，以确保数据安全。技术不断发展，教师作为技术集成专家需要不断学习和更新自己的知识，他们应该保持对最新教育技术趋势和教育工具的了解，并积极探索新的教学创新方法。总之，教师作为技术集成专家的角色在教学管理中至关重要，他们的技术知识和技能可以增强教学质量，提高学生的学习体验，在此过程中需要关注安全和隐私问题，以确保教育技术的有效使用。通过技术整合，教师可以更好地满足不断变化的学生需求，促进教育创新。

（四）数据分析师

教师作为数据分析师的角色在教学管理中发挥着关键作用。教师需要收集、分析、存储大量学习数据，包括学生的考试成绩、课堂参与、作业提交、在线测验结果等，通过数据分析，教师可以识别学生的学习情况。基于学习数据，教师可以制订个性化的教育计划，满足每个学生的学习需求，他们可以识别学习难点，并提供有针对性的支持和指导，以帮助学生克服困难。教师可以分析课程效果和教学方法的有效性，他们可以确定哪些课程内容和教学策略最成功，以及哪些需要改进，这有助于提高课程质量。教师可以使用数据来跟踪学生的学习进展和行为，他们可以警示可能出现的问题，如旷课、低分或学习逾期，以及采取适当的干预措施。基于数据分析的结果，教师可以作出教学决策，包括调整教学方法、内容和资源分配,提高教学效果和学生满意度等。教师可以使用数据来给学生和家长提供有关学习进展的定期反馈,这有助于建立透明的学习环境,并促进学生和家长的积极参与。教师可以为教育政策制定提供有关学生表现和教学趋势的数据,以支持教育决策制定和改进教育系统。综上所述,教师作为数据分析师的角色对于提高教育质量、个性化教育和学生支持至关重要。通过有效的数据收集和分析,教师可以更好地理解学生的需求和表现,并采取措施来改进教育过程,实现更高的学术成就和学生满意度,这一角色在技术和社会变革中变得越来越重要,有助于推动教育领域的创新和进步。

第三节　教师和学生需求的变化

一、教师需求的变化

(一)技术技能和数字素养

1.掌握教育技术工具的使用方法

教育技术工具可以显著提高教学效果和学生参与度。虚拟教室软件允许教师在线上创建一个与传统课堂相似的学习环境,教师需要熟悉这些软件,以便能够有效地组织在线会议、授课和互动。他们应该知道如何设置会议、分享屏幕、使用聊天功能以及管理学生。在线学习管理系统(Learning Management System, LMS)是用于管理和组织在线课程内容、学生信息和教学资源的平台,教师需要了解如何使用 LMS,包括课程创建、资源上传、作业分发、学生成绩管理等功能,熟练掌握 LMS 的使用方法可以提高教学的组织性和效率。教育应用程序包括各种在线学习工具和应用,如教育游戏、互动课件、在线测验等,教师需要了解这些应用程序的功能和用途，以便能够将它们整合到课程中，提高学生的参与度和互动性。多媒体工具包括音频和视频编辑软件、图像处理工具等，教师可以使用这些工具创建多媒体教材，丰富课程内容，他们需要熟练使用这些工具，以便制作具有吸引力和教育性的多媒体资料。教师应该知道如何有效地利用在线资源，如开放式教育资源、数字图书馆、在线期刊等，以支持他们的教学。移动设备和应用程序在教育中发挥着重要作用，教师需要了解如何在移动设备上使用应用程序，以便教师能够在不同场合和设备上组织学生学习。数据分析对于识别学生的学习问题至关重要，教师需要掌握数据分析工具，以便分析学习数据，为学生提供更好的支持和指导。教育技术工具的掌握对于现代教师是一项重要的职业技能，教师应该通过培训、研讨会和实践来提高他们的技术水平，以便更好地满足不断变化的教育需求，提高教育质量，促进学生的学习。

2.熟悉在线教育平台

教师需要了解如何使用在线教育平台创建和管理课程，包括上传课程材料、设置课程结构、添加作业和测验、安排课程活动和任务等。熟练使用课程管理工具可以帮助教师更好地组织课程内容。在线教育平台通常用于记录和管理学生的信息，包括注册信息、学生成绩、学习进度等，教师应该知道如何访问和更新这些信息，以便跟踪学生的学习表现并提供必要的支持。在线教育平台提供了各种互动工具，如讨论板、聊天功能、电子邮件和通知系统，教师需要了解如何有效地使用这些工具与学生进行互动和沟通、回答问题、提供反馈和促进课堂讨论。教师可以使用在线教育平台分发作业、测验和考试，并自动收集和评估学生的答案，前提是他们需要了解如何设置和管理这些评估任务，以及如何查看学生的成绩和反馈。一些在线教育平台支持个性化学习工具，允许教师根据学生的需求和表现提供个性化的建议和资源，教师需要知道如何使用这些工具来支持学生的学习。同时，教师也需要知道如何获取平台的技术支持和培训资源，以解决技术问题，包括如何联系平台提供商或学校的技术支持团队，以获得帮助和指导。在线教育平台通常提供了数据和分析工具,用于跟踪学生的学习表现和进展,教师需要了解如何访问和解释这些数据,以便根据学生的需求作出教学决策。总的来说,熟悉在线教育平台对教师来说是非常重要的,这有助于教师更好地组织和管理课程,与学生互动,并提供个性化的学习支持。因此,学校应该为教师提供培训和支持,以确保他们能够充分利用在线教育平台来提供高质量的教育。

3.有效利用数字资源

教师需要具备选择和评估数字资源的能力,包括了解如何寻找可靠的数字资源,评估其质量、适用性和与教学目标的相关性,教师应该选择与课程内容和学生需求相匹配的资源。教师还应该知道如何将数字资源无缝地整合到课程中,以丰富教学内容,包括将电子教材、多媒体演示、在线模拟和开放式教育资源与传统教材和课程活动结合使用,以提供更多的学习机会。数字资源可以用于支持个性化学习,教师应该了解如何根据学生的需求和学习水平,选择和调整数字资源,以提供个性化的学习体验,如为学生推荐特定的在线模块、练习或视频教程。教师可以利用数字化平台与其他教师分享和合作开发数字资源,从而促进资源的共享,提高整个教育社区的教学质量。教师也可以学习如何创建自己的多媒体教育资源,如教学视频、动画、互动模拟等,这样可以根据特定的教学需求和风格定制教学内容。数字资源可以用于增加学生的参与度和互动性,教师应该知道如何设计在线讨论、互动模拟和多媒体演示,以激发学生的兴趣。教师可以使用数字工具来监测学生对数字资源的使用情况,并评估其对学习的影响,这有助于了解哪些资源最有效,以便进行调整和改进。数字资源的有效利用要求教师具备技术技能和教育洞察力,以确保这些资源与教学目标相一致,并能够提高学生的学习体验和成果,学校可以为教师提供培训和支持,以帮助他们更好地利用数字资源来提供高质量的教育。

（二）个性化教育

1.了解学生差异是实施个性化教育的关键步骤

学生的学习风格因人而异，有些学生倾向于视觉学习，喜欢图表和图像，而有的学生可能更倾向于听觉学习，喜欢听讲座和讨论。教师需要观察和了解学生的学习风格，以选择适合他们的教学方法和资源。学生的兴趣和动机对学习表现至关重要，教师应该与学生交流，了解他们的兴趣爱好和学习目标，以更好地激发他们的学习兴趣。学生在不同学科和领域的学习水平可能会有所不同，教师需要评估学生的学习水平，以便提供适合他们水平的教学内容。每位学生都有独特的个人需求，可能包括特殊教育需求、情感需求或社会需求，教师需要与学校辅导员和特殊教育专家合作，确保这些需求得到满足。一些学生可能面临学习困难，如阅读困难、注意力不集中或学习障碍，教师需要及早识别这些困难，并提供额外的支持。学生的文化背景和家庭环境也会影响他们的学习，教师应该尊重并了解学生的文化差异，以创造包容和多元化的教育环境。学生的学习速度有所不同，有些学生可能需要更多的时间来掌握特定的概念，而其他人可能进展更快，教师应该灵活调整教学进度，以满足不同学生的学习进度需求。通过了解学生差异，教师可以更好地满足他们的需求，提供个性化的教育，并创造一个尊重学生差异性的学习环境，这有助于提高学生的学习成绩和教育体验。

2.不断地进行评估和反馈是实施个性化教育的重要组成部分

教师需要使用多种评估方法，包括小组项目、作业、课堂参与程度的量化和标准化测试等，这些评估方法可以帮助教师了解学生的学习表现和进展情况。教师需要定期进行评估，以追踪学生的学习进展，主要包括每周或每月的小测验，以及学期末的大型考试或项目。教师的反馈应该是个性化的，并根据每个学生的需求和表现来调整，反馈应该明确指出学生的优势和需要改进的地方，并提供建议和资源来帮助他们提高。教师需要和学生一起制定学习目标和标准，以便评估学生的进展是否符合预期目标。教师需要鼓励学生记录他们的学习经历和思考过程，这有助于他们更好地理解自己的学习风格和需求，并进行自我评估。基于评估结果，教师需要调整教学策略，提供更有针对性的教育，以满足学生的需求。教师和学生之间应建立一个反馈循环，以确保评估和反馈是持续性的，从而促进学生的成长和发展。不断的评估和反馈有助于个性化教育的成功实施，能够使教师更好地了解学生的需求，提供有针对性的支持，并确保学生能够达到学习目标。同时，及时的反馈也激发了学生的自我反思和自主学习动力。

3.家长和教师之间的合作也是个性化教育的关键要素

教师需要建立有效的沟通渠道，以便与家长保持联系，包括定期的家长会议、电子邮件通知、电话会议和在线平台，以便家长了解学生的学习进展和当前的教育计划。教师需要和家长共享学生的学习情况，以便家长更好地了解孩子的需求和表现，从而更好地支持孩子的学习。教师需要提供家庭学习资源，包括学习材料、指导手册和在线教育工具，这些资源可以帮助家长指导孩子学习，并提供额外的网络教学支持。教师需要和家长举行定期会议，讨论学生的学习进展和需求，这些会议可以用于制订个性化的教育计划，并确保学校和家庭在教育方面保持一致。教师需要定期评估家长的参与和反馈情况，不断提升家校合作的效果。

教师需要尊重不同家庭的文化、价值观和教育期望，以创造包容和多元化的学习环境。通过积极的家校合作，教师和家长可以共同致力于支持学生的个性化学习，确保学生在学习和个人成长方面都能够取得进步，这种合作有助于建立一个以学生为中心的教育体系，提高学生的学习成绩和教育质量。

（三）终身学习

一方面，终身学习是教师需求变化中的重要方面。教育政策的不断变化是教育领域中一个常见且重要的现象，政府和学校通常会根据社会、经济、科技等方面的变化，以及教育目标的演变，制定新的政策和法规来引导教育体系的发展，这些政策可能涵盖多个方面，包括政府会不断审查和更新课程标准，以确保它们反映出最新的知识和教育发展趋势，教师需要了解这些标准的变化，以调整他们的教学内容和方法。评估方法可能会发生变化，包括考试形式、评分标准等，教师需要了解新的评估方法，为学生提供相关支持。政策可能鼓励或要求采用特定的教学方法或策略，如活动式教学、技术整合教学等，教师需要不断学习并适应这些方法，以提高教育质量。政策要求更多地关注特殊需求学生的教育，如残疾学生或英语学习者，教师需要获得相关培训和知识，以提供更有效的支持。政府会引入新的质量保障机制，包括教育评估和监督，教师需要了解这些机制，确保他们的教学符合质量标准。教师的终身学习是为了跟随这些教育政策的变化，只有不断更新知识、提高技能，并适应新的教育环境，教师才能有效地履行他们的教育使命，确保学生能够获得高质量的教育。此外，教师的终身学习也有助于他们的专业发展，有助于提高职业竞争力，从而更好地为学生服务。因此，跟随教育政策的变化是终身学习的一个强大动力。

另一方面，教师作为学生的榜样，他们的行为和态度对学生的学习动力和积极性有着深远的影响。通过自己的终身学习实践，教师不仅能够向学生传递终身学习的重要性，而且能够激发学生的学习兴趣，培养他们积极的学习态度。

首先，教师的示范榜样作用体现在他们不仅口头上强调学习的重要性，而且通过自己的实际行动积极地进行终身学习的实践。当学生看到教师在课堂之外也在不断学习、阅读、参加培训时，他们会受到启发，意识到学习是一个持续的过程，不仅仅局限于教室内，这种身体力行的示范有助于在潜移默化中培养学生的学习意识。

其次，教师的终身学习实践能够建立一种积极学习的文化氛围。当教师鼓励学生积极参与课堂讨论、提出问题、寻求解答时，学生会感到更加自信，不怕犯错误，因为他们知道学习是一个不断改进的过程，教师的示范行为鼓励学生主动追求知识，勇于面对挑战，培养了他们积极的学习态度。

再次，教师的终身学习实践还有助于学生明白学习的价值。当教师分享自己的学习经历和成就时，学生能够看到学习与个人职业发展的密切关联，这激发了学生的学习动力，他们会更有动力地去学习知识和技能，因为他们认识到学习对他们的未来是至关重要的。

最后，教师作为榜样还能够帮助学生培养自主学习的能力。通过观察教师如何设定学习目标、制订学习计划、自我评估和不断改进，学生可以学到有效的学习策略和方法，这些技能不仅对学生当前的学习有益，而且对他们未来的终身学习都具有重要意义。

总之，教师作为学生的榜样，通过自己的终身学习实践，不仅传递了终身学习的价值观，还激发了学生的学习兴趣，培养了学生的自主学习能力，创建了积极的学习氛围，帮助学生认识到学习的价值，这种示范榜样的作用对于学生的学习和成长至关重要。

（四）教学创新

一方面，学生具有不同的学习风格、背景、兴趣和需求，传统的教育方法已经无法满足所有学生的需求。因此，教师需要不断尝试新方法，以更好地适应学生的多样性需求。随着科学技术的发展，教育领域也发生了变革，教育技术提供了各种工具和平台，可以支持不同的教育方法，如在线学习、虚拟实验室和数字内容。教师需要了解和利用这些技术，以提供更丰富和创新性的教育体验。最新的认知科学研究中有不少关于学习和记忆的新见解，教师可以根据这些研究成果改进教学方法，以更有效地促进学生的理解和记忆。教育不再受限于国家边界。全球化和国际化的趋势意味着学生需要具备跨文化和国际化的视野，创新的教育方法可以帮助学生拓宽视野。21世纪的社会需要具备问题解决能力和创造性思维的人才，采用问题解决教学和项目驱动教学等方法可以培养学生的批判性思维和创造性思维。教育研究不断推动着教学方法的改进，教师可以从最新的研究成果中获取灵感，优化自己的教学实践。综上所述，教师需要不断探索和采用新的教育方法和策略，以满足学生的多样化需求，利用教育技术的优势，应对全球化和国际化的挑战，培养学生的创新能力和问题解决能力，以及不断改进教学实践，从而提供更高质量的教育，这有助于教育体系不断发展和完善,以适应不断变化的社会和经济发展环境。

另一方面,评估方法也需要创新。评估方法的创新对于教育体系的发展至关重要,因为它可以带来多个方面的益处:传统的考试和测验可能只能测试学生对特定知识点的掌握程度,而新的评估方法,如项目作业、学习日志和自我评估,可以提供更全面的学生表现信息,这些方法能够评估学生的创造性思维、问题解决能力、沟通能力和自我反思能力,从而更好地了解学生的潜力和发展需求。项目作业和综合性评估鼓励学生进行深度学习,而不仅仅是应付考试,学生需要研究、分析和综合不同来源的信息以完成项目,这有助于他们深入理解学科知识,并培养批判性思维能力。自我评估和学习日志要求学生自主跟踪和评估自己的学习进展,这有助于他们发展自主学习的技能,提高自我管理和目标设定能力,这也培养了学生终身学习的态度,使学生学会了自我反思和调整学习策略。传统考试可能会导致学生焦虑,而项目作业和其他形式的评估可以减轻这种焦虑,学生更有可能在较轻松的环境中表现出自己的真实水平,而不受时间的影响。新的评估方法为教师提供了更多的机会来提供有针对性的反馈,帮助学生改进。此外,教师可以更好地了解学生的需求,根据评估结果调整教学策略,以提高教育质量。

二、学生需求的变化

(一)个性化学习需求

学生需求的变化之一是个性化学习的需求增加。传统教育往往是一种标准化的教学模式,所有学生在同一时间、同一地点接受相同的教学内容。然而当代学生对教育的需求越来越多样化,他们希望教育能够更好地满足他们的个性化需求。个性化学习强调根据每个学生的独特需求、兴趣和学习风格来定制教育。而学生需求的多样性和学习节奏的不同是教育领域中的两个关键方面,它们强调每个学生都是独特的,有着不同的学习需求。

首先,学生的背景、文化和学习能力水平不同,这意味着他们在学习上面临着不同的挑战和需求。有些学生可能有特殊需求,如学习障碍或身体残疾,需要个性化的支持和适应性的教育计划。还有一些学生表现出高度的学习兴趣和能力,需要更有挑战性的课程来满足他们的学习需求。教育系统要能够满足这些多样化的学习需求。

其次,每个学生的学习速度和风格都是不同的。有些学生可以迅速掌握新知识,而其他学生可能需要更多时间来深入理解。学生的学习节奏受到多种因素的影响,包括他们的学科兴趣、学习风格、前期知识水平等。因此,将所有学生都限制在相同的教学进度上会使一些学生感到失望或挫败,而另一些学生则会感到没有挑战性。个性化学习的关键在于识别和尊重这些学生的多样性,并为他们提供适合其需求和学习速度的资源支持,这可以通过个性化的教学计划、差异化教学方法、定制化的学习资源和支持服务来实现。个性化学习的目标是确保每个学生都能够充分发挥潜力,无论他们的背景如何,学习速度如何,都能够获得高质量的教育,这有助于提高学生的学习成绩,培养他们的自信心,提高他们的学习动力,从而创造更具包容性也更加有利的教育环境。

(二)实际应用需求

学生需求的变化与数字化学习体验密切相关。现代学生希望获得更实际的互动性和数字化的学习体验。学生对教育的实际应用需求的变化是现代教育领域的一个显著趋势,这种变化反映了学生对教育有更高的期望,他们希望所学的知识和技能能够与现实生活密切相关,具有实际应用价值。学生更加注重教育对他们未来职业发展的直接帮助,他们认为教育应该为他们提供在职场中取得成功所需的技能和知识,包括解决问题、沟通能力、团队合作等。学生不仅追求知识,还追求能为职业做准备的实际技能。学生希望所学的知识和技能能够帮助他们解决现实生活中的问题,他们不仅追求抽象的理论知识,还希望能够应对日常生活和社会的挑战,例如财务管理、健康生活、环境保护等。现代社会鼓励创新和创业精神,学生也希望教育能够培养他们的创新能力和创业意识,他们希望能够将所学应用于创造新的产品、服务或解决方案。学生对社会问题和全球挑战的关注也在增加，他们希望教育能够帮助他们更好地理解社会问题，并提供参与改变社会的机会，如参与社区服务、志愿工作和社会活动的机会。实际应用性教育不仅强调专业知识学习，还强调跨学科能力。学生认为综合的知识和技能更容易应用于不同领域，提高了他们的适应性和竞争力。因此，学校和教育者应该积极响应学生对实际应用性教育的需求，如更新教学方法、提供更多实际案例分析、引入实践性项目，以及强调跨学科的教育。通过满足学生对实际应用性教育的需求，可以为学生的未来发展做好准备，同时也提高了教育的实际价值。

（三）实践教学

对实践教学需求的增加也是学生需求的变化之一。现代学生希望通过实际的体验和应用来巩固和深化他们的学习。学生对理论与实践的结合有着很高的期望，他们认为这种结合能够更好地满足他们的学习需求，并使所学知识具有更广泛的应用价值。将理论知识与实际应用相结合有助于学生更深入地理解所学内容，当学生能够将抽象的理论概念与实际情境相联系，他们更容易理解和记忆这些知识。实际应用可以激发学生的兴趣和学习动机：学生通常更愿意学习那些与他们日常生活或未来职业相关的内容。运用理论知识解决实际问题，会让学生感到学习的意义。将理论与实践结合起来培养学生的问题解决能力，使他们学会分析现实情境中的问题，并能够运用所学知识和技能找到解决方案，这种能力对于学生未来的工作和生活都非常有用。具备实际应用经验的学生在就业市场上更具竞争力，雇主通常更倾向于雇佣那些能够将所学理论知识应用于实践的人，因为他们能够更快速地适应工作环境。通过实际应用，学生有机会运用自己的创新和创造力，寻找新的解决方法，这有助于培养学生的创新精神，为他们未来的创业做准备。教育者应该积极推动理论与实践的结合，为学生提供丰富的实际应用机会，包括实验室工作、实习和实践项目、模拟情境等。通过这些教育方法，学生不仅能够更好地掌握理论知识，还能够培养实际技能和问题解决能力，从而更好地应对未来的挑战。

此外，学生还希望提高问题解决和批判性思维能力，这反映了他们对发展实用技能和思维方式的渴望。实践教学在这方面发挥着重要作用，因为它涉及解决真实问题的过程，以下是关于这一点的详细论述：

实践教学通常将学生置于具体的实际情境中，要求他们解决真实的问题，包括在工程项目中设计和构建原型，在社会科学研究中分析数据，或者在商业环境中制定市场策略，这种过程迫使学生思考如何应对现实问题，从而培养了问题解决的能力。实践教学鼓励学生探索多种可能的解决方案，学生需要评估每种解决方案的优势和劣势，然后选择最合适的方法，这培养了他们的判断力和决策能力。

学生在实际问题解决过程中需要深入分析问题，这有助于培养他们的批判性思维能力，他们需要质疑假设、检查证据，并提出合理的论证，以支持他们的解决方案。实践教学通常涉及反馈机制，学生可以根据实际的结果来评估他们的解决方案，这种反馈可以帮助他们不断改进和调整方法，从而提高问题解决的效率。实践教学通常需要学生综合运用多个学科领域的知识和技能来解决问题，这能够帮助学生从多个角度审视问题，提高解决问题的能力。成功解决真实问题的成就感可以激发学生的学习动力和信心，这种积极的反馈可以鼓励学生积极参与批判性思维的培养和问题解决的过程。通过实践教学，学生能够提高问题解决和批判性思维的能力，这对他们未来的就业和生活都至关重要。这些能力使学生不仅仅是知识的接受者，还能够成为有创造力、有影响力的决策者和问题解决者。因此，教育者应积极支持和推广实践教学，以满足学生的学习需求。

（四）多元文化和全球视野

学生需求的变化同样体现在对多元文化和全球视野的需求增加。现代学生普遍希望教育能够帮助他们更好地了解当前多元文化的社会，同时拥有全球视野。学生对多元文化教育的渴望反映了他们对建立更包容、理解的和谐社会的迫切需求。学生希望通过教育了解不同文化的历史、价值观、传统和习惯，这有助于增强他们的文化意识，认识到世界上存在着多种文化，每种文化都有其独特之处。学生认识到在全球化的社会中，跨文化沟通是一项重要的技能，他们希望通过多元文化教育培养自己的跨文化沟通能力，包括语言、非语言交流和跨文化交际技巧。学生希望教育能够使他们理解、尊重和包容不同文化的重要性，他们认为教育应该鼓励理解、接纳和尊重多元文化，反对歧视、偏见和种族主义。学生渴望理解文化多样性的价值，包括在商业、艺术、社会和政治领域，他们相信文化多样性可以为社会带来创新、不同视角和丰富的经验。多元文化教育鼓励学生在多元的文化环境中合作和学习，学生相信通过与来自不同文化背景的人合作，他们可以学到更多知识，同时提高自己的适应能力。学生认识到在多元文化社会中可能会发生文化冲突，他们希望教育能够提供解决文化冲突的技能和策略，以维护社会和谐。为满足学生对多元文化教育的需求，学校和教育者可以采取一系列措施，包括开设多元文化课程、举办国际文化节、提供跨文化交流机会、鼓励学生参与社区服务项目，以及提供资源等来了解多元文化。通过这些方法，学生能够更好地适应多元文化社会，提高他们的文化敏感性和跨文化技能，从而更好地融入多元文化社会，这有助于创造更加包容和理解的社会氛围。

学生对国际化教育的兴趣反映了他们希望拥有全球视野的愿望。国际化教育可以为他们提供丰富多彩的学习机会。学生渴望与来自不同国家和文化背景的同学互动，以建立跨文化的友谊和联系，这种交流有助于拓宽他们的视野，增进对不同文化的理解和尊重。

学生认识到语言是跨文化交流的关键，他们希望有机会学习和掌握多种语言。语言教育是国际化教育的重要组成部分，它使学生更容易与全球不同地区的人进行交流。学生对参加国际交流项目充满热情，包括学术交流、文化交流等，这些交流项目不仅提供了学习经验，还使学生有机会亲身体验其他国家的文化和生活方式。

国际化教育有助于培养学生的全球意识，使他们能够看到自己作为全球公民的责任，学生开始认识到他们的行动和决策可能会对全球产生影响。国际化教育为学生提供了更广泛的职业机会，使他们可以在国际职场中更好地参与竞争。为满足学生对国际化教育的需求，学校可以采取多种措施，包括推广国际学生交流项目、提供多语言课程、引入国际化课程、鼓励学生参与国际研究和全球问题讨论，以及建立国际合作伙伴关系。通过国际化教育，学生不仅可以拓宽自己的国际视野，还可以培养全球公民意识，认识到自己的全球公民责任。这种教育方式有助于塑造具有国际视野的领袖和创新者。

（五）社会和情感健康

学生对社会和情感健康的需求变化表明了他们认识到社交健康和心理健康对于个人全面发展和幸福生活的重要性。学生对心理健康的关注表明他们意识到了情感健康的重要性。这一需求的增加反映了现代社会中心理健康问题存在的普遍性。学生普遍关注焦虑和抑郁等心理健康问题，他们逐渐认识到这些问题可能会对他们的学业、社交和生活质量产生负面影响。因此，他们希望能够获得相关信息和支持。学生目前往往面临各种各样的压力，包括学业压力、社交压力和家庭压力等，他们希望学校可以指导他们应对压力，以减轻焦虑、提高心理韧性。学生渴望获得心理健康教育，了解心理健康的重要性、常见的心理健康问题和寻求帮助的途径。学生希望学校提供情感支持，包括心理咨询服务和支持小组，他们认为有人可以倾诉和分享问题是非常重要的，这可以帮助他们解决情感困扰。学生还认识到社交孤立会对心理健康产生负面影响，他们希望学校鼓励社交互动、建立友谊和提供社交支持。学生希望能够轻松地获得心理健康资源，包括在线信息、热线服务和应对危机的支持，他们希望知道在面临紧急情况时可以去哪里寻求帮助。学生希望社会能够停止有关心理健康问题的污名化，以鼓励人们更愿意谈论心理健康问题和寻求帮助，而不会因为担心社会污名而保持沉默。为满足学生对心理健康的需求，学校可以采取一系列措施，包括提供心理健康教育、心理咨询服务、心理健康支持小组、应对压力的训练，建立友谊和社交活动，宣传心理健康资源，以及促进社会对心理健康问题的理解和接纳。通过这些措施，学生能够更好地保持自己的心理健康，减轻焦虑和抑郁，提高生活质量。心理健康支持不仅有助于学生的个人成长和幸福感，还有助于提高学业成绩和促进社交互动。

学生对情感表达和管理的需求反映了他们对情感智力的认识。学生希望学习如何认知自己的情感，包括快乐、悲伤、愤怒、焦虑等，从而更好地辨识和理解这些情感。学生渴望学会如何有效地表达他们的情感，包括说出他们的感受、需求和愿望，以便与他人进行积极的沟通。

学生认识到情感管理对于处理情感冲突至关重要，他们希望学会如何管理负面情感，以减轻焦虑、愤怒或抑郁，并提高情感智力。情感智力包括了解他人的情感，与他人建立情感联系和共情，通过培养情感智力，可以更好地理解他人的感受和需求。学校可以创造一个情感安全的环境，使学生可以坦诚地表达自己的情感，而不会受到批评。学生希望了解应对负面情感的策略，如冥想、呼吸练习、寻求支持和谈话等，他们希望学会如何应对情感困扰。为满足学生情感表达和管理的需求，学校可以采取一系列措施，包括提供情感智力教育、情感表达技巧培训、情感管理课程、心理健康支持服务、鼓励情感表达的艺术和文化活动等。通过这些措施，学生能够更好地理解和管理自己的情感，建立更加积极和健康的社交关系，提高生活质量和幸福感。情感表达和管理是关键的生活技能，可以在个人和职业生活中产生积极影响。

学生对社交技能的需求反映了他们认识到良好的人际关系对于个人和职业生活的重要性。学生希望学会如何与他人进行有效的沟通，包括口头和书面沟通。他们认为沟通是建立良好人际关系的基础。学生渴望学习如何表达情感，他们希望能够在适当的时候表达爱、感激、歉意等情感，以加强人际关系。学生希望学会解决冲突的技巧，他们认识到在人际关系中可能会出现分歧和冲突，因此希望了解如何以建设性的方式解决这些问题。学生希望了解社交礼仪和文化差异，以避免社交尴尬和误解，他们认为尊重他人的习惯和礼仪是建立良好关系的重要因素。

学生渴望培养社交自信，他们希望在社交场合中保持自信，而不会感到不安或害羞。为满足学生对社交技能的需求，学校可以采取一系列措施，包括提供社交技能培训、沟通技巧课程、冲突解决培训、社交礼仪指导、社交媒体素养教育，以及组织社交活动。通过这些措施，学生将能够更好地与他人建立健康、积极的人际关系，提高社交自信，增强情感支持系统，更好地适应多样性的社交互动。社交技能不仅对个人的心理健康有益，还有助于职业生涯的成功。

学生对情感支持的需求表明他们认识到情感健康和情感支持对心理健康的重要性。学生希望参加辅导和支持小组，与同龄人分享情感体验，这种小组可以提供情感支持和建议。学生希望学校提供应对压力和焦虑的方式，如冥想、呼吸练习、放松技巧等，以帮助他们摆脱情感困扰。学生希望学校提供情感教育课程，教授情感智力、情感管理和情感表达的技能，他们认为这些技能对于处理情感问题非常重要。学生希望学校提供应对危机情况的支持，他们希望知道在面临紧急情况时可以去哪里寻求帮助，以及如何化解危机。学生认为学校应该开展心理健康宣传活动，提高学生对心理健康问题的认识。学生希望获得应对学业压力的支持，他们认为学校应该提供学习技巧和时间管理的培训，以帮助他们更好地处理学业问题。学生希望学校和家庭之间建立紧密的合作关系，以提供全面的情感支持，他们认为学校和家长应该共同关注学生的情感健康。为满足学生对情感支持的需求，学校可以采取一系列措施，包括聘请心理健康专业人士、组织支持小组、提供情感教育课程、宣传心理健康资源、建立应对危机的流程、培训教师和工作人员，以及促进学校和家庭之间的合作。通过这些措施，学生将能够更好地理解和管理自己的情感，减轻压力和焦虑，提高幸福感，从而更好地应对学业和生活中的挑战，培养他们的情感智力和情感韧性。

第三章　新时代高职院校教学管理创新策略

第一节　教学管理模式创新

一、项目化教学

新时代高职院校教学管理创新策略之一是教学管理模式的创新，其中包括项目化教学模式创新。项目化教学是一种基于项目和任务的学习方法，它有助于学生在实际问题中运用知识和技能，培养跨学科合作能力以及解决复杂问题的能力。项目设计和策划是项目化教学中的关键步骤，对高职院校教学管理的创新至关重要。以下是关于项目设计和策划的详细论述：

学校可以鼓励教师设计涵盖多个学科领域的项目，这有助于学生将不同学科的知识和技能进行整合应用，培养跨学科思维和解决复杂问题的能力。例如，一个项目可以结合工程、商业和环境科学领域的内容，以解决可持续性发展方面的问题。项目的设计应与实际问题相关联，以增加学生的参与度和动力，这些问题可以来自行业需求、社会挑战或实际情境。例如，在医疗保健领域，学生可以参与设计有关医疗服务改进的项目。项目的设计应考虑学生的年级水平和学科要求。项目可以分级，以适应不同年级学生的需求。同时，项目的挑战性应根据学科要求进行调整,以确保学生在项目中能够应用他们所学的知识和技能。在设计项目时,教师应明确定义项目的目标和预期学习成果,这有助于学生理解他们需要达到的目标,并帮助教师在项目结束时进行评估。目标和成果可以与学科标准和职业要求相一致。项目设计还涉及资源规划,包括所需的教材、技术设备、实验室或场地等,学校应确保教师获得足够的支持和资源来实施项目,以确保项目的成功。教师在项目开始前应提供项目导入和指导,介绍项目的背景、目标和任务,这有助于学生理解项目的重要性和价值,并明确他们的角色和责任。通过精心设计和策划与实际问题相关的项目,高职院校可以激发学生的学习兴趣,培养他们的创新能力和问题解决能力,并提高他们在未来职业发展中的竞争力。项目化教学是一种创新的教学模式,有助于提高教学质量和学生的综合素质。

自主学习和反思是项目化教学中的关键要素,有助于学生的积极参与和学习效果的提升。在项目化教学中,学生被鼓励承担更多的自主学习责任,他们需要主动寻找和获取与项目相关的知识,独立思考和解决问题,教师的角色是引导和支持学生的自主学习,而不仅仅是传授知识。学生应该具备有效的信息获取和筛选能力,能够使用图书馆资源、在线数据库、学术文章和其他信息源来获取必要的背景知识,教师可以指导学生如何评估信息的可靠性和相关性。学生需要规划项目的进度和进行时间管理,他们应该能够制订学习计划,确保项目在规定时间内完成。学生在项目推进过程中应该进行反思和自我评估,回顾项目的进展,思考遇到的挑战和解决方案,并评估自己的学习成果,这有助于他们改进学习策略和技能。学校可以提供培训和指导,以帮助学生发展自主学习和反思能力;教师可以组织工作坊,提供学习资源,并对学生进行一对一的指导,以确保他们能成功地应对项目挑战。自主学习并不意味着完全独立。在项目化教学中,学生通常需要与团队合作,因此他们也需要发展协作和沟通的能力,以便有效地与团队成员合作。

实时反馈和评估在项目化教学中起着至关重要的作用。实时反馈允许教师或导师在项目进行过程中随时提供指导,包括识别学生可能遇到的问题、解决困难、澄清任务要求以及提供学术或技术支持，学生可以从这些及时的建议中受益，确保他们在项目的不同阶段都在正确的轨道上。通过定期评估和反馈，学生可以了解他们的强项和改进空间，这有助于他们主动调整学习策略，提高效率和学习能力。学校可以使用在线工具或虚拟会议来监控项目的进展，这有助于确保项目按计划进行，避免出现延误或进度不一致的问题。同时，这也为学生和教师提供了透明的项目管理视图。实时反馈可以采用多种形式，包括口头反馈、书面反馈、评分等，这样可以根据项目的性质和学生的需求来选择最合适的反馈方式，多样化的反馈方式可以帮助教师更全面地了解学生的表现。实时反馈也可以鼓励学生积极参与项目，实时反馈就是在项目的不同阶段都能得到评估，学生会更有动力投入项目，确保项目质量和完成度。实时反馈和评估有助于项目的持续改进，教师可以根据学生的反馈和表现调整项目的要求和目标，以确保项目的质量和学习效果不断提高。通过实时反馈和评估，项目化教学可以更灵活、更有针对性地满足学生的需求，并提供更富挑战性和有意义的学习体验，这有助于学生在项目中获得更多的职业发展机会。

  成果展示和分享在项目化教学中扮演着重要的角色。通过展示项目成果，学生可以在职业领域建立自己的声誉，这些展示可以作为未来学术研究、就业或职业发展的有力证据，帮助他们获得更多的机会。展示项目成果需要学生展示他们的工作情况，这有助于培养他们的自信心和表达能力。学生需要学会如何有效地传达他们的观点、发现和成果，这对于未来的职业发展至关重要。通过分享项目成果，学生可以向同学、教师和其他人传播他们的知识和发现，这种知识分享有助于扩大学习圈，促进知识交流和合作。学校可以组织项目展示活动或竞赛，为学生提供展示成果的机会，这些活动可以吸引专业人士、潜在雇主和学术界人士，为学生创造学习和职业发展的机会。通过展示项目成果，学生和教师可以获得反馈和建议，帮助他们改进项目和学习方法，这种反馈可以促使学生更深入地反思和改进他们的工作。当学生得知他们的项目成果将被展示，会更有动力表达新的想法和探索未知领域，这有助于培养创新和探索精神。通过成果展示和分享，项目化教学不仅可以完成任务，还提供了一个学习和展示的平台,帮助学生建立自信、分享知识并获得更多学习和职业发展机会。

二、引入信息技术

(一)学习管理系统

学习管理系统(Learning Management System, LMS)是一种教育技术工具,它为高职院校提供了一个集中管理和交流课程内容的平台。LMS通常具有直观的用户界面,可以让教师轻松创建、组织和发布课程材料,包括教科书、讲义、多媒体资源、作业和测验等。

LMS的一个关键功能是它允许教师按照自己的需求自定义课程内容,以满足不同学科和学生群体的要求。教师可以在LMS中创建在线课程模块,设置学习目标,安排课程进度,并与学生分享相关材料,这使得课程内容的完整性和连贯性得以确保。除了课程内容的管理,LMS还提供了丰富的互动功能,教师可以使用LMS创建在线讨论板、实时聊天室等,促进学生之间的交流以及学生与教师间的互动,这有助于促进学生之间、师生之间的合作,提高学习体验。

LMS的另一个重要功能是对在线测验和作业的管理。教师可以轻松创建测验和作业,设置截止日期和评分标准,并通过LMS进行自动评分。这个重要的功能节省了教师的时间,并确保评估的一致性。对于学生而言,LMS提供了便捷的学习环境,他们可以随时随地访问课程材料,提交作业,参与在线讨论,查看成绩,这种可访问性有助于满足不同学生的学习需求,尤其是那些需要灵活学习时间的学生。LMS在高职院校的教学管理中起到了至关重要的作用,它提供了一个强大的工具,使学校能够更好地管理课程、促进学生互动和提供高质量的在线教育。随着技术的不断发展,LMS将继续发挥关键作用,为教育领域的创新和进步提供支持。

（二）虚拟教室和远程教育工具

虚拟教室和远程教育工具已经成为高职院校教学管理中不可或缺的一部分，其支持在线课程、远程协作和学生互动。虚拟教室平台允许教师和学生通过互联网参与实时在线课程，虚拟教室通常提供视频会议功能，使教师能够进行远程教学，这种远程教育的形式为学生提供了更多的学习选择，允许他们按照自己的时间表参与课程。除了实时在线课程，虚拟教室平台还提供多种互动工具，如实时聊天、屏幕共享、在线白板等，这些工具增加了学生和教师之间的互动，提高了教学效果。远程教育工具还包括在线协作平台等，这些工具使学生能够远程访问课程材料、提交作业、参与讨论和查看成绩，这种在线学习环境为学生提供了更大的灵活性，允许他们自主管理学习进度。虚拟教室和远程教育工具的使用不仅提高了教学管理的灵活性，还有助于高职院校应对各种挑战，如学生群体分散、交通问题和紧急情况，这些工具已经在全球范围内被广泛使用，为学校教学管理的创新提供了解决方案。

（三）多媒体和数字内容

多媒体和数字内容的使用在新时代高职院校的教学管理创新中具有重要作用。多媒体和数字内容已经成为高职院校教学中不可或缺的一部分。教师和学校可以通过创建和提供多媒体和数字内容来丰富教学资源，从而提高教学效果，这些内容形式包括视频、互动模拟、在线实验、虚拟实境等，能够以更生动、直观的方式呈现教学内容。视频是其中最常见的多媒体形式之一，教师可以录制课堂讲解、演示实验、模拟场景等，供学生随时观看，视频不仅有助于解释抽象概念，还可以增进学生对实际操作的理解。

互动模拟和在线实验是为学生提供实践经验的有力工具。通过模拟软件和虚拟实验室，学生可以进行各种实际操作，无须实验室设备，这有助于学生巩固理论知识，培养实践技能。

在线课程是一种数字内容的集合，包括课程大纲、教材、作业、测验等，学生可以随时访问这些内容，根据自己的进度学习，这种灵活性适合不同学习速度和风格的学生。

多媒体和数字内容的使用还能够提高学生的参与度和互动性。例如，在线讨论板、虚拟团队项目和在线测验都可以通过数字工具进行，能增加学生与教师和同学之间的互动。

（四）数据分析工具

数据分析工具是用于收集、处理、分析数据的软件或应用程序。在高职院校的教学管理中，这些工具可以用于学生学业跟踪、课程评估、教学效果分析和资源管理。首先，数据分析工具可以帮助学校跟踪学生的学习进展。通过收集学生的成绩、出勤记录和课堂参与情况等数据，学校可以生成学生的学业档案，并及时发现学生的学业困难或潜在问题，这有助于学校提供个性化的支持和干预措施，以确保学生的学习效果。其次，数据分析工具还可以用于课程评估和教学效果分析。学校可以收集学生的课程评价、教学反馈和学习成果数据，从而了解课程的质量和效果，这有助于不断改进课程设计和教学方法，提高教育质量。此外，数据分析工具还可以用于资源管理和预算规划。学校可以分析教育资源的使用情况，包括教室利用率、教材需求和师资分配，以优化资源分配和提高效率。最后，数据分析工具的可视化功能可以帮助教学管理者更清晰地了解数据趋势，通过图表、图形和仪表板，他们可以直观地了解数据，快速作出决策和制定策略。

（五）移动学习应用程序

移动学习应用程序是用于移动设备（如智能手机和平板电脑）的应用程序，可以用于支持教学活动。在高职院校的教学管理中，这些应用程序具备多种作用，能够提高教学效果。首先，移动学习应用程序能使教学活动更加灵活。学生可以随时随地访问学习材料、课程内容和教学资源，无须受限于传统的时间和地点。教师可以通过这些应用程序发布课程资料、作业和通知，与学生进行在线互动，并提供及时反馈。其次，移动学习应用程序丰富了学习体验，它们包含多媒体内容，如视频教程、互动模拟和虚拟实验，以吸引学生的兴趣并提高他们的参与度，这有助于创造更具吸引力和互动性的学习环境。此外，移动学习应用程序支持个性化学习。它们可以根据学生的学习需求和兴趣提供定制的学习路径和建议，帮助学生更好地管理他们的学业，这有助于提高学生的学习能力和满足学生不同学习风格的需求。最后，移动学习应用程序提供了学习数据的收集和分析功能。学校可以使用这些应用程序来跟踪学生的学习进展、评估教学效果，并提供数据支持决策，这有助于学校不断提高教育质量和资源分配。综上，移动学习应用程序在高职院校的教学管理创新中具有重要价值，它们提供了更灵活、多样化和个性化的学习体验，同时为学校提供了数据驱动支持和决策工具。

（六）在线测验和评估工具

在线测验和评估工具是用于评估学生学习表现和理解力的数字工具，为高职院校的教学管理提供了多种功能，旨在提高评估的效率和效果。首先，这些工具具有便捷性和灵活性。教师可以使用在线测验和评估工具轻松创建和安排作业和考试。学生可以在任何时间和地点完成这些评估，无须受限于传统的考场和时间表，这种便捷性有助于提高教学灵活性。其次，在线测验和评估工具支持自动化和实时反馈，这些工具可以自动评分，从而减轻了教师的工作负担，并提供及时的评估结果，学生可以及时了解他们的成绩和表现，从中学习和改进。此外，这些工具支持个性化评估。教师可以根据学生的学习水平、学科需求和学习目标创建定制的评估，以确保评估与学生的个体需求相符，这有助于提高评估的准确性和有效性。最后，在线测验和评估工具还具备数据分析和报告功能。学校可以收集和分析学生的评估数据，以识别学生需求和教学效果，这有助于学校作出数据驱动的决策，改进教学管理和资源分配。

（七）大数据和人工智能

大数据和人工智能在新时代高职院校的教学管理创新中发挥着重要作用。首先，大数据在教学管理中用于学生数据分析。高职院校可以收集大量的学生数据，包括学习表现、参与度、考试成绩和在线互动，这些数据可以通过大数据分析来识别学生的学习问题，帮助教师提供个性化的教育支持。例如，通过分析学生的测验成绩，可以发现哪些学生需要额外的辅导和指导。其次，人工智能在个性化教育中发挥着作用。通过机器学习和自然语言处理，人工智能可以为学生提供个性化的学习路径和建议，学生可以获得定制的学习材料和练习，以满足他们的学习需求，这有助于提高学生的学习体验和学习成绩。此外，大数据和人工智能可以支持教育决策的制定。学校可以使用大数据分析来评估教学质量和资源分配效率，人工智能还可以用于教学管理中的自动化任务，如学生信息管理和排课。最后，大数据和人工智能也可以用于教学内容的个性化设计，根据学生的学习水平和兴趣，学校可以使用算法生成定制的教材和课程，这样的教学内容更能吸引学生的注意力，提高他们的学习动力。

（八）虚拟现实和增强现实

首先，虚拟现实（VR）提供了身临其境的学习体验。高职院校可以利用VR技术来模拟各种学科和领域的情境，让学生在互动的虚拟环境中学习。例如，工程学院的学生可以使用VR眼镜来探索三维工程模型，医学院的学生可以通过VR进行人体解剖的虚拟实验，这种沉浸式学习有助于增强学生的理解和记忆，提高他们的实际操作技能。其次，增强现实（AR）技术将虚拟信息叠加在现实世界中。学校可以开发AR应用程序，使学生能够在真实环境中获取额外的信息和资源。例如，历史课上，学生可以使用AR应用程序来查看历史事件的虚拟重现。AR还可以用于实时的问题解决和实际操作指导，提高学生的实际应用能力。此外，虚拟现实和增强现实还可以支持远程教育。学生可以使用VR眼镜或AR应用程序参与远程课程，与教师和同学进行互动，这种技术消除了地理位置的限制，为更多的学生提供了高质量的教育。最后，虚拟现实和增强现实还可用于培训和职业教育。它们提供了更安全、更有效的培训方法，有助于培养专业技能。总之，虚拟现实和增强现实技术为高职院校的教学管理创新提供了丰富的可能性，它们可以用于模拟学习、增强现实学习、远程教育和职业培训，提高了学生的参与度和实际操作技能，增强了教育的效果和质量。因此，高职院校应积极探索和采用这些技术，以满足不断变化的教育需求。

（九）社交媒体和协作工具

首先，社交媒体提供了学生与教师之间以及学生之间互动的平台。学校可以在社交媒体上创建专用的群组或页面，用于课程讨论、资源共享和问题解答，教师可以发布课程资料和公告，学生可以在社交媒体上提问或讨论学习内容，这种实时的互动有助于增强学生的学习体验，提高他们的参与度。其次，协作工具允许学生和教师在项目和任务中进行合作。这些工具包括在线文档编辑、团队日历、即时消息和共享文件夹等，学生可以在协作工具上协同编辑文档、安排会议时间或者共享资源。这种协作学习有助于培养学生的团队合作能力和沟通能力。社交媒体和协作工具也可以用于学习咨询，学生可以在社交媒体上寻求同学或教师的帮助，或者使用协作工具来与导师安排会议，这提供了更便捷的支持和咨询方式，有助于学生攻克学习难题。最后，社交媒体和协作工具还可以用于学生参与活动和社区建设。学生可以参与校园活动、社会项目或志愿者工作，这些经验有助于培养他们的领导力和社会责任感。同时，学校也可以利用社交媒体与校友和社区建立联系，推进校园事务和社会服务。

三、实践导向

（一）明确教学管理实践目标和期望

设定明确的教学管理实践目标对于学校至关重要，这些目标应该明确反映出学校的愿景、使命以及为学生提供的教育价值观。学校的实践目标应该与其愿景和使命保持一致，这意味着目标应该反映出学校希望为学生提供的价值观念和教育体验。例如，如果学校的使命是培养具有高度实际操作技能和职业素养的学生，那么实践目标应强调这些方面。设定实践目标时，应明确指出学生应该在实践学习中需要实现的目标，这可能包括具体的技能、知识和素养。例如，如果一个目标是培养学生的问题解决能力，那么应该明确说明学生应该具备的问题解决技能和知识。实践目标应满足学生的需求和期望，这意味着目标应该根据学生的背景、兴趣和未来职业目标进行制定。例如，一所高职院校可能会设定不同的实践目标，以满足工程技术专业学生和商业管理专业学生的不同需求。实践目标应该具体和可衡量，以便后续评估和追踪学生的进展。例如，一个具体和可衡量的目标可能是"90%的学生在实践性课程结束时能够独立完成特定任务"。设定的目标应该具有激励和激发学生的作用，这有助于学生更积极地参与实践性学习，并追求更高的学术和职业目标。实践目标应该具有一定的适应性，以适应不同学科领域和不同层次的学生，不同专业和年级的学生也需要不同的实践目标，来满足他们的需求。学校可以设定长期和短期的实践目标。短期目标可能与单个课程或项目相关，而长期目标可能涉及整个课程或学位计划，这有助于学校为学生提供连贯和有序的实践性学习体验。总之，设定明确的实践目标有助于学校更好地规划、实施和评估教学管理策略，这些目标应该与学校的价值观和学生需求相一致，并能够为学生的综合发展提供明确的指导和方向。

（二）整合实践性课程

整合实践性课程是新时代高职院校教学管理中的一项重要创新策略，这种策略有助于学生将理论知识与实际操作相结合，提高他们的职业素养和问题解决能力。整合实践性课程通常涉及多个学科领域的知识和技能，为了成功实施这些课程，学校需要鼓励跨学科合作，不同学科的教师可以共同规划和教授课程，确保课程内容的多样性和丰富性。整合实践性课程通常以项目为基础，学生通过参与项目来应用所学的知识和技能，项目可以与行业合作、社区服务或实际问题解决相关，项目驱动教学激发了学生的主动学习和合作能力。整合实践性课程需要提供丰富的实践学习机会，包括实验室实践、实地考察、实习和情景模拟练习等，学校应该积极寻找与行业和社区的合作机会，为学生提供实践性经验。整合实践性课程需要通过反思和评估来衡量，学校可以采用多种方法，包括学生反馈、教师评估、项目成果学习成绩来评估课程效果，根据评估结果来进行改进和优化。学校应该为学生提供必要的支持，包括学术指导、职业咨询和实践性学习机会，帮助他们在整合实践性课程中取得成功。整合实践性课程应该是一个持续的过程，学校应该不断评估和调整课程，以确保它们与行业需求和学生期望保持一致。通过以上的实施步骤，学校可以成功整合实践性课程，为学生提供更为综合和实际的教育体验，提高他们的职业竞争力和社会适应能力，这有助于培养更符合新时代需求的高素质人才。

（三）提供实际操作支持

提供实际操作支持是整合实践性课程的关键部分，学校需要确保学生在实际项目和实践中能够获得必要的指导和支持，以便他们能熟练运用所学知识和技能。学校要为每个实践性项目指定导师或指导老师，这些导师或指导老师可以帮助学生规划项目、解决问题、提供反馈并监督项目进展，他们应该具备相关行业或领域的专业知识，鼓励学生组建项目团队，以协作的方式完成任务。团队合作有助于学生分享经验、互相支持，并共同解决问题，学校可以提供培训，帮助学生开展有效的团队合作，确保学校拥有适当的实践性实验室和设施，以支持学生的实际操作，这些实验室应该配备所需的设备，以确保学生能够安全地进行实验和操作。与行业合作或社区组织合作，为学生提供实地考察和实习机会，学生可以在真实的工作场所中运用他们的知识和技能，获得实践经验。教师可以设计项目，要求学生解决实际问题，或模拟真实的职业场景，鼓励学生运用创新思维来应对挑战。教师可以提供实际操作技能的培训课程，以确保学生具备必要的实践技能，这些课程包括技术操作、实验技巧、职业培训等。学校可以定期组织实际操作项目展示或展览，让学生展示他们的成果，并与行业专业人士和社区分享。通过这些实际操作支持措施，学校可以确保学生在实践性课程中能够获得实际操作经验和技能，提高他们的职业素养和就业竞争力，这也有助于培养更具实践能力的毕业生，满足行业和社会的需求。

（四）引入案例研究

引入案例研究是整合实践性课程的一种有效方法，案例研究可以帮助学生将理论知识应用到实际情境中，并培养解决问题的能力。教师要选择与课程内容相关且具有挑战性的实际案例，案例可以是来自行业、企业或社会的问题，确保与学生的学科领域密切相关；引导学生分析案例，包括问题识别、数据收集、问题分析和解决方案的提出，鼓励他们使用所学的理论知识来分析案例；组织小组讨论，让学生在小组内讨论，这有助于促进学生之间的合作和思维碰撞。教师可以担任案例研究的引导者，提出问题、启发思考，并帮助学生深入分析案例；鼓励学生提出解决方案，并在案例中进行实际操作，包括制订计划、实施策略、评估结果等；向学生提供反馈意见，帮助他们改进案例分析和解决方案，可以考虑使用评估标准或评估表来评估学生的表现。组织学生分享他们的案例研究成果，可以是口头报告、展示或写作，这有助于学生展示他们的分析和解决问题的能力。对于跨学科的实践性课程案例，可以让不同学科领域的学生一起参与分析和解决。通过引入案例研究，学生可以在实际问题中运用他们的知识和技能，培养解决问题的能力。案例研究也可以激发学生的兴趣，提高他们对实际操作的参与度，为未来的职业生涯做好准备。同时，这也符合实践性课程的目标，将理论与实践相结合，培养具有实际操作能力的学生。

（五）校企合作

校企合作是一种重要的实践导向教学管理策略，它有助于将学术教育与实际职业需求相结合，为学生提供更多的实践机会。学校应积极寻找与各行各业相关的企业和组织建立合作关系，可以与当地企业、跨国公司、非营利组织等合作，以满足不同领域的学生需求。学校可以与企业合作，共同设计课程，确保课程内容符合行业标准和实际职业需求，这有助于培养更具竞争力的毕业生。学校可以与企业合作，为学生提供实习和实践机会，这些机会可以在学校期间或毕业后提供，帮助学生获得实际工作经验。学校和企业可以建立导师制度，企业专业人员充当学生的导师，指导他们在实际项目中的工作，这有助于学生与业界专家建立联系,获得指导和建议。学校和企业可以共同开展项目,如研究项目、社会项目或创新项目,这些项目可以为学生与企业提供合作机会,解决实际问题。学校还可以邀请企业代表来学校举办讲座或设立工作坊,分享行业见解和经验,这有助于学生了解行业动态和趋势。学校可以与企业合作,提供职业咨询和就业服务,帮助学生顺利就业。学校和企业之间应保持双向沟通,及时解决问题和调整合作计划,这有助于建立稳固的合作关系。通过校企合作,学校可以更好地满足学生的实际职业需求,提高他们的就业竞争力。同时,企业也将受益于与学校合作,获得新鲜的人才和创新的思维,这种合作有助于教学管理的实践导向,将理论知识与实际操作相结合,为学生的综合发展提供更多的机会。

四、教师培训与评估

(一)反思和自我评估

反思和自我评估在教师职业生涯中扮演着至关重要的角色,它们能帮助教师了解自己的教学实践效果,识别优点和增加改进空间,并不断提高教育质量。反思是指教师有意识地回顾和分析他们的教学经验和决策。通过反思,教师可以更好地理解他们的教学方法对学生的影响,以及学生如何反应。反思有助于教师提高自我认识,认识到他们在教学实践中可能存在的问题,并寻找改进方法。自我评估是一个系统性的过程,教师通过它来评估自己的教育实践,包括评估他们的课程设计、教学方法、学生互动和教学效果。自我评估有助于教师识别自己的教学优点和弱点,并确定改进方向。学校可以提供反思工具和指导,以帮助教师进行有效的反思和自我评估,这些工具包括教学日志、反思问题、自我评估问卷等,反思指导可以由教育专家、同事或教育顾问提供,帮助教师更深入地探讨他们的教学实践。反思和自我评估应该定期进行,而不是一次性事件,教师可以在每个学期结束时或每次课程结束后进行反思,这有助于跟踪教学效果的变化,并制订连续改进计划。教师在反思和自我评估过程中可以设定明确的目标,例如提高特定教学技能、增加学生参与度或改进评估方法。一旦目标确定,教师可以制订改进计划,包括学习新的教育技术、参加培训课程或寻求同行建议。

学校可以提供支持,鼓励和促进反思和自我评估的实践,包括定期的教学研讨会、教师交流会议,以便教师可以共享经验并获取反馈。教师通过反思和自我评估不仅可以提高自己的教学质量,还可以为学校的整体教学质量作出贡献。通过不断地改进,教师可以提供更有效的教育,提高学生的学习成绩和满意度。

(二)同行教学观摩

同行教学观摩是一种有效的教师专业发展方法,它能够促进教师之间的互动、合作和知识分享。同行教学观摩活动为教师提供了向其他同事学习的机会,通过观摩其他教师的课堂教学,教师可以了解不同的教学方法、策略和技巧,从而提高教学质量。在同行教学观摩中,教师可以分享自己认为有效的教学实践和经验,这有助于将最佳实践传播到整个学校,让更多的教师受益。同时,教师也可以从其他同事的最佳实践中获取灵感。观摩其他教师的课堂教学可以促使教师反思自己的教学方法,他们可以比较自己的教学实践与其他教师的差异,识别出可能需要改进的方面,这有助于不断提高教学质量。同行教学观摩活动为教师提供了社交机会,让他们能够建立更紧密的专业合作关系,这种互动有助于促进团队协作,提高学校的整体教学水平。同行教学观摩可以涵盖各种主题和领域,包括课程设计、教学技巧、评估方法等,这意味着它可以根据不同的教学需求和目标进行定制。在观摩后,教师可以互相提供反馈和建议,这种反馈有助于识别教学中的改进点,支持教师的成长。同行教学观摩活动有助于建立信任和协作精神,教师之间的积极互动和分享经验可以增强教学团队的凝聚力。综上所述,同行教学观摩是一种有益的教学实践,它能够促进教师之间的学习、分享和反思,有助于提高教学质量和学校的整体效能,学校可以定期组织这类活动,以支持教师的专业发展和提高教学水平。

（三）教学创新实验

教学创新实验是一种鼓励教师尝试新的教学方法和技术的重要途径。教学创新实验鼓励教师积极寻求改进和变革教学实践的机会，它可以激发教师的创造力，使他们更有动力尝试新的教学策略和方法。教学创新实验通常从小规模试点项目开始，这意味着教师可以在相对较小的范围内进行实验，以评估新方法的有效性和可行性，而无须立即在整个职业院校范围内全面推广。教学创新实验涉及新的教育技术和数字工具，包括虚拟现实、在线学习平台、数据分析工具等，通过这些工具，教师可以了解如何更好地利用技术来提高教学水平。实验项目还可以探索个性化教育的可能性，教师可以尝试不同的教学方法，以满足学生不同的需求和学习风格，从而提高教学效果。教学创新实验通常伴随着数据收集和分析，通过收集学生的学习数据，教师可以评估实验的效果，并根据数据作出改进。教师可以在实验过程中分享他们的经验和教训，这有助于教师交流经验。参与教学创新实验的教师可以获得专业发展的机会，他们可以获得更多的培训和支持，以提高他们在实验中所使用的新方法和新技术的熟练程度。教学创新实验有助于培养教师的创新精神和问题解决能力，这对于应对不断变化的教育挑战至关重要。

（四）个人专业发展计划

个人专业发展计划应明确规划教师未来的职业目标和发展方向，包括提升教学技能、获得更高的学位、担任管理职务或参与教学研究等。教师可以通过自我评估来了解自己的强项和改进方向，主要涵盖教学技能、领导才能、课程开发、创新教学等方面。通过自我评估，教师可以确定自己的培训需求，包括参加专业发展课程、研讨会、研究项目或获得特定的教育认证。个人专业发展计划应包括明确的时间表，这有助于教师制订切实可行的计划，并监督自己的进展。学校可以提供资源和支持，如提供培训机会、导师指导、学习资源等，以帮助教师实现他们的专业发展目标。教师应该定期对他们的个人专业发展计划进行自我反思，他们可以评估自己是否达到了设定的目标，是否需要调整计划。教育领域不断变化，因此个人专业发展计划可能需要不断更新和调整，教师应该保持灵活，适应新的挑战。最终，个人专业发展计划的目标是帮助教师实现他们的职业发展和提高教学质量，通过明确的计划，教师可以更好地实现自己的教学目标，并为学生提供更好的教学体验。

（五）建立教师评估体系

建立教师评估体系是确保教育质量和教师专业成长的关键步骤。以下是建立教师评估体系的一般步骤：

首先，需要明确建立评估体系的目标。评估可以用于提高教学质量、支持教师发展、作出奖惩决策等，明确目标有助于确定评估体系的具体要求和指标。制定明确的评估标准和指标是评估体系的核心，这些标准和指标应该反映出教师的教学能力、专业素养和教学成果，标准可以包括教学方法、学生成绩、学科知识、教学创新等方面。

其次，为了评估教师的表现，需要收集相关的数据和信息，包括学生评价、同事评价、教学成绩、教学项目参与情况等，数据应该客观、可量化，以便进行评估。确定评估方法、评估程序与评估者。评估方法可以包括课堂观察、教学组合评价、自我评估、学生反馈、教育项目报告等多种方式。评估程序应该公平、透明，并遵循一定的规则和流程。评估者可以是校内专业人员、同事教师、外部专家等，他们需要接受培训，了解评估标准和程序。

最后，执行评估计划。根据制定的标准和方法对教师进行评估。评估可以是定期的、周期性的，也可以是突发性的，评估者需要遵循评估程序，确保评估的公平性和准确性。教师评估不仅仅是为了识别问题，还应该为教师提供反馈和发展机会，评估结果应该用于教师的专业发展计划，以帮助他们提高教学能力和专业素养。此外，建立评估体系后，需要不断监督和改进，根据评估结果和反馈，调整评估标准和程序，以确保体系的有效性和公平性。教师评估体系应该是透明的，评估标准和程序应该为教师和其他相关方所了解。同时，需要建立有效的沟通机制，以便与教师分享评估结果和反馈。定期对评估体系的效果进行评价，根据实际情况进行改进。学校可以组织评估体系的独立审查，以确保其公平性和有效性。建立教师评估体系是一个复杂的过程，需要综合考虑多种因素。最终的目标是提高教学质量，促进教师的专业成长，以更好地满足学生的需求和社会的期望。

（六）奖励和认可措施的实施

为了鼓励和认可教师的出色表现，学校可以实施一系列的奖励和认可措施。学校设立教学奖项，每年或每学期评选出表现出色的教师，这些奖项可以包括最佳教师奖、教育创新奖、学生满意度奖等，获奖可以得到奖金、荣誉证书、奖章或其他奖品。学校可以向教师提供参加专业发展培训、研讨会和研究项目的机会，这有助于教师不断提升自己的教育水平和专业素养。学校可以为表现出色的教师提供升迁机会，例如晋升为高级讲师或教授，升迁通常伴随着薪资的增长和更高的职业地位。学校可以资助教师参与教学研究项目，并提供研究基金或研究休假，这有助于教师在教育领域作出突出贡献。学校可以鼓励教师在学术期刊上发表文章或书籍，并提供支持，如编辑服务、出版基金等。学校可以资助教师参加国内和国际的学术交流大会，以便与同行分享研究成果和教学经验。学校还可以定期颁奖活动，公开表彰教师的优秀表现。此外，学校还应给予教师一定的学术自由度，允许他们探索创新的教学方法和研究课题；提供与其他教育研究机构、大学或行业合作的机会，以便教师有机会参与有意义的研究项目。学校可以鼓励教师参加学术社交活动，以促进与其他领域的合作和知识分享。这些奖励和认可措施可以激励教师不断提高教学质量，促进专业成长，同时也有助于树立积极的校园文化和氛围。同时，学校应该确保奖励机制是公平和透明的，避免偏见和不公平对待。

五、质量保障体系

(一)设立质量保障团队

设立质量保障团队是建立质量保障体系的第一步。质量保障团队的成员包括质量保障经理、教育专家、数据分析师、教师代表等,成员应具备不同领域的专业知识和技能,以确保覆盖的全面性。选择一个负责人或领导者,负责协调和管理整个质量保障团队的工作,领导者应具备领导和组织能力。定义每个团队成员的职责和任务,确保每个人都清楚自己的工作职责,这可以通过制订职责清单或工作说明书来实现。与团队一起确定质量保障体系的目标和愿景,这些目标应与学校的使命和战略规划相一致。制订团队的工作计划,明确建设质量保障体系的具体步骤和时间表。确保工作计划具体、可操作,包括关键时间点。确保团队有足够的资源,包括预算、技术工具和培训,以支持质量保障工作的顺利进行,促进团队成员之间的协作和信息共享。定期召开会议,报告项目进展,并确保团队成员之间的沟通畅通。为团队成员提供必要的培训和发展机会,如参加研讨会、培训课程和获得认证等,以提高他们的专业知识和技能。设立监督机制,定期评估团队的绩效,并提供反馈,根据评估结果,调整工作计划和策略。鼓励团队成员积极参与质量保障工作,成立保障团队。质量保障团队的设立是确保质量保障体系顺利实施的关键因素之一。通过明确职责、设定目标和提供必要的资源,团队可以有效地推动教育质量的提高。同时,领导者的角色至关重要,他们应该激励团队成员,并确保整个过程有效和有序。

(二)制定质量政策

在制定质量政策时,首先要明确学校的质量目标和价值观,这些目标和价值观应反映了机构的使命和愿景。确定质量政策的适用范围,包括教育领域、学术程序、学生服务、学术研究等,确保政策覆盖所有重要领域。在制定政策过程中,应该考虑各种利益相关方的观点和需求,包括学生、教师、家长、校友以及监管机构等。确定质量政策的责任方,并明确他们的职责和义务。质量政策应该定期审查和更新，以确保其与学校的发展和变化保持一致。在政策中明确质量的衡量标准和评估方法，包括学习成绩、学生满意度、就业率等各种指标。确保政策中包括一些质量改进的策略和方法，包括持续的教育培训、反馈机制、教育创新等。将制定的质量政策有效地传达给所有相关方，包括员工、学生和其他利益相关者，确保政策被理解和接受。确保质量政策符合国家和地区的法规和标准，以保证合规性。设立监督机制，确保政策的实施和执行，同时定期跟踪和评估政策的效果。综合以上，学校可以建立一个坚实的质量保障框架，以确保提供高质量的教育服务并不断改进，这也有助于提高学校的声誉，增强学生和利益相关者的信心。

（三）建立内部评估机制

确定内部评估的目标和范围，包括评估课程质量、学生满意度、教师表现、校园设施等方面。确定评估的标准，这些标准应该是明确的、可衡量的，与学校的目标一致。收集相关数据和证据，包括学生反馈、学习成绩、教师评估、毕业生跟踪等信息，以支持评估过程。设立专门的评估团队或委员会，负责规划、实施和监督内部评估，该团队应该由不同领域的专家和利益相关者组成。制订评估计划，包括评估的时间表、方法和责任分工，确保评估计划充分覆盖所有需要评估的领域。向学生、教师、员工和其他利益相关者征求意见和反馈，以获取多样化的观点和建议。对收集到的数据进行分析和解释，以识别问题和潜在的改进机会。基于评估结果，制订具体的改进计划和行动计划，这些计划应该包括明确的目标、时间表和责任人。将改进计划付诸实施，确保相关措施按计划执行。定期监督改进措施的实施，并定期复审内部评估的结果和过程，以确保质量的持续改进。向所有利益相关方报告内部评估的结果和改进进展，确保透明度。建立反馈循环机制，不断改进内部评估机制，以适应不断变化的挑战。建立健全内部评估机制有助于学校持续提高教育质量，更好地满足学生和利益相关者的期望，提高机构的内部透明度和自我管理能力，确保学校的长期可持续性发展。

(四) 制定教育质量指南

制定教育质量指南是确保教育质量和一致性的重要步骤。以下是一些关键措施,可以帮助建立有效的教育质量指南:在指南中明确定义教育质量的标准,包括学术标准、教学标准、学生支持标准等,这些标准应该基于国家或国际教育标准,以确保一致性和可比性。详细描述教育过程中的各个环节,包括课程设计、教学实施、学生评估、反馈机制等,这有助于教育工作者理解他们的角色和责任。强调学生在教育过程中的权利和期望,包括获得高质量的教育、平等参与机会。明确教育工作者(包括教师、导师、行政人员等)在提供高质量教育中的责任,包括专业发展、教育创新等方面的责任。强调学生在教育中的积极参与和自主学习的重要性,提醒他们应遵守学术诚信准则和校规。描述监督和评估教育质量的方法和程序,包括内部评估、外部审核、学生反馈等;说明如何使用评估结果和反馈来改进教育质量,包括持续改进的方法和时间表;说明如何有效地传达教育质量指南的内容,确保所有利益相关者都了解并遵守指南;设立追踪和报告机制,以监测和报告教育质量的变化和进展,这样有助于持续改进和增加透明度;为教育工作者和学生提供培训和支持,以确保他们理解和遵守教育质量指南;建立反馈机制,以便学校能够根据实际情况不断改进和更新指南。最终形成的教育质量指南应该是一份综合性文件,旨在为学校提供指导,以确保学校能提供高质量的教育。同时,指南也应该是动态的,能够适应变化的教育环境和需求,以持续提高教育质量。

(五) 开展外部评估

选择一家经验丰富、信誉良好的外部评估机构,在确保评估机构有资质和独立性的同时,要求该外部评估机构的专业领域与学校的特点和需求相匹配。在与评估机构合作之前,必须明确评估的目标和范围,包括课程质量、教学方法、学生支持服务、学术标准等。整理和准备与评估有关的文件和数据,如课程大纲、学生数据、教学材料、教师资格等,以便评估机构能够深入了解学校的情况。协调与评估机构的合作,允许其进行现场访问,以便他们更全面地了解学校的运作。评估机构将提供评估报告，其中包括他们的观察、发现和建议，确保这些报告能用于改进教育质量。基于外部评估的结果，制订改进计划，明确需要采取的行动和时间表，确保计划能够解决评估中发现的问题。确保学校积极实施改进计划中的措施，以提高教育质量，包括教师培训、课程更新等。持续监测和评估改进计划的实施效果，确保所采取的措施能够带来实质性的改进。向内部和外部的利益相关者（包括学生、家长、教职员工、政府机构等）传达评估结果和改进计划，以建立合作关系。定期进行外部评估的复评，以确保学校的质量保障体系持续有效。外部评估是确保学校持续提高教育质量的关键机制之一，通过与专业评估机构的合作，学校可以获取来自外部的客观意见和建议，有助于不断改进和优化教学过程。

（六）监督和改进

设立专门的监督机构或团队，负责监测和评估教育质量，这些机构可以由内部或外部的专业人员组成，负责定期进行审核和评估。定期进行内部质量审核，以检查学校的各个方面是否符合质量标准和政策要求，这些审核包括课程审核、教学方法审核、学生支持审核等。对教学过程进行评估，包括学生满意度调查、教师评估、学术成果评估等。收集与评估相关的数据，包括学生表现数据、学生反馈、教师评估等，这些数据可以用于监测教育质量和提供改进建议。如果在监督和评估过程中发现问题或不足，立即采取纠正措施，制订明确的改进计划，包括行动计划、时间表和责任分配。为教育工作者提供培训，培训可以涵盖课程设计、教学方法、评估技巧等。建立一个鼓励持续改进的文化，使监督和评估不仅是一次性的任务，而是学校日常运作的一部分。定期回顾和重新评估改进效果，以确保质量保障体系持续有效，并根据需要进行调整。监督和改进是教学管理中的关键环节，有助于确保学校持续提供高质量的教育。通过不断监测、评估和改进，学校可以适应变化，满足学生和社会的需求。

（七）信息披露和透明度

信息披露和透明度在教学管理中非常重要，因为其有助于建立信任、促进质量保障和提供决策支持。学生和家长应该能够获得关于课程、教学质量、教育成本、学费、奖学金和财政援助等方面的信息，这些可以通过学校的官方网站、宣传材料、信息会议和咨询服务来获得。学校应该公开披露有关教育质量的信息，包括学术成果、师资力量、课程评估、学生满意度和毕业生就业率等方面的数据，这可以帮助学生和家长更了解学校。学校应该定期发布有关监督和评估结果的报告，包括内部和外部评估的结果、改进计划和进展情况，这有助于学校履行其对教育质量的承诺，并表明其在不断改进的过程中采取了积极的措施。学校也应该向社会公众透明披露信息，以展示其社会责任，包括社区参与、社会服务项目和可持续发展计划等。透明的信息披露可以为政策制定者、研究者和其他教育利益相关者提供有关教育体系的数据，以支持决策制定和改革。在信息披露过程中，学校应该确保学生和教职员工的数据隐私和安全，可采取适当的措施来保护个人身份和敏感数据。信息披露不仅应该是一次性的，也应该是持续的过程，学校应该建立有效的沟通渠道，以便学生、家长和其他利益相关者可以随时获取所需的信息。信息披露和透明度有助于建立信任、提高教育质量和加强教育体系的透明度。通过公开披露信息，学校可以展示其负责任的形象，并与学生、家长和社会公众建立更亲密的伙伴关系。

（八）回应投诉和建议

学校应该建立多种反馈渠道，包括电子邮件、电话热线和面对面咨询等，以便学生和其他利益相关者可以反馈和投诉。学校应该确保及时回应投诉和建议，以表明他们认真对待学生和其他人的反馈，设立一个明确的时间框架，以在一定时间内回应投诉，并在需要时采取紧急行动。在回应投诉和建议时，学校的工作人员应该倾听并理解投诉人的需求和立场，这需要耐心、尊重和同理心。学校应该建立记录系统，以记录所有的投诉和建议，并跟踪解决进展，这有助于确保问题得到恰当处理，而不被忽视。对于投诉，学校应该进行调查，以查明问题的根本原因,并采取适当的措施来解决问题,包括纠正错误、提供补偿或改进流程等。学校应该向投诉人提供反馈,告知他们采取了哪些措施来解决问题。此外,学校还应该使用投诉和建议作为改进教育服务和流程的机会,以提高质量。在处理投诉和建议时,学校应严格遵守数据隐私和保密原则,以确保投诉人的个人信息受到保护。学校的工作人员应接受培训,以处理投诉和建议,包括沟通技巧、冲突解决和投诉处理流程。学校应该定期报告投诉和建议的数量、类型和解决情况,向利益相关者展示他们关切的问题得到了处理。通过建立有效的投诉处理和建议反馈机制,学校可以提高学生和其他利益相关者的满意度,解决潜在问题,并不断提高教育服务质量。

第二节 教学管理方法创新

一、激励式教学管理

(一)设定挑战性目标

设定挑战性目标是激励式教学管理的关键要素之一,它有助于提高学生的学习积极性。挑战性目标可以激发学生的自我驱动力,体现在他们渴望实现这些目标而展现出优秀品质。挑战性目标通常涉及更高的期望,这可以推动学生超越自己的潜力,取得更出色的成绩。当学生成功地实现挑战性目标时,他们的自信心和自尊心通常会得到提升,这有助于获得积极的学习体验。追求挑战性目标需要学生制订学习计划,管理时间和资源,提高自我管理技能。挑战性目标必须明确、具体和可测量,学生和教师应该清楚了解目标的内容和期望结果。目标应该根据学生的能力水平和兴趣来制定,以确保它们既具有挑战性又可实现。学生可以制定短期目标和长期的挑战性目标,以鼓励自己不断进步和发展。学校和教师应该为学生提供所需的支持和资源,以帮助他们实现挑战性目标,包括教学材料、辅导和技术工具。学生和教师可以定期跟踪学生在实现目标方面的进展,提供及时的反馈和指导。学生应该进行自我反思,思考他们在追求目标过程中积累的经验和获得的成长。通过设定挑战性目标,学校可以激发学生的学术潜力,促进他们的学习进步,并促使他们更加积极地参与教学过程,这种方法有助于培养学生的自主学习精神和自我管理能力,为未来的成功打下坚实的基础。

（二）奖励和认可

奖励和认可是激励式教学管理的重要组成部分。奖励和认可可以激发学生积极参与学习的动力。学校可以设置奖项和竞赛,鼓励学生之间的良性竞争,以提高学生的学习水平。获得奖励和认可可以增强学生的自信心和自尊心,使他们更有信心应对学习挑战。学校可以表彰那些在学业、体育、艺术等领域取得杰出成就的学生,以鼓励其他学生以他们为榜样。学校应明确奖励和认可的标准,以确保公平。学校可以提供多样化的奖励,包括奖学金、奖章、荣誉榜、学术证书等,以满足不同学生的兴趣和需求。奖励和认可应该在学校范围内公开宣布,以鼓励更多学生来争取。学校可以举行奖励仪式,让获奖学生受到正式表彰,增强他们的自豪感。学校可以鼓励学生对表现出色的同伴表示认可,这有助于营造积极的学习氛围。奖励和认可可以定期进行,以持续激发学生的动力。奖励不仅仅局限于学习成绩,还可以包括社会参与、领导能力、创新能力等多方面的表现。学校可以为获奖学生提供指导和支持,帮助他们更好地发展自己的潜力。通过奖励和认可制度,学校可以激发学生的积极性和自我驱动力,鼓励他们追求卓越,这有助于建立积极的学习文化,促进学生的全面发展。

（三）促进自主学习

促进自主学习是一种重要的教育方法,它有助于提高学生的自主性、创造性和问题解决能力。学校可以为学生提供机会,让他们选择自己感兴趣的课题、项目或任务,鼓励学生在学习过程中发挥主动性。学生可以提出问题、研究感兴趣的话题,并自己探索答案,这种探究式学习有助于培养独立思考和解决问题的能力。学校应为学生提供所需的资源,以支持他们的自主学习活动。学生可以被鼓励制订学习计划,包括设定学习目标、规划学习时间和资源,以及评估学习成果。教师可以定期提供学生学习表现的反馈,并给予指导和建议,帮助他们不断改进。学生可以与同学合作,共同解决问题和完成项目,通过合作学习来激发创造性思维和团队合作精神。教师可以分配一些挑战性的任务给学生,鼓励他们超越自己的舒适区,不断学习和成长;鼓励学生定期反思自己的学习情况,评估自己的学习进展,并制订下一步的学习计划。学校和教师可以赋予学生更多的选择权,让他们在一定范围内自由选择学习内容和方法。学生可以被鼓励尝试新的学习方法和创新性的项目,以培养他们的创造力和实践精神。通过以上方法,学校可以培养学生的自主学习能力,使他们成为主动的学习者和问题解决者。这种教育方法有助于学生在面对复杂问题和挑战时更有信心和能力。

(四)鼓励学生进行自我反思

鼓励学生进行自我反思是一项重要的教学管理方法,它有助于他们更深入地了解自己的学习过程和需求。教师可以提供学生使用的反思工具,如学习日志、反思问卷或反思日记,这些工具可以帮助学生组织他们的思维,记录关键的学习经验。教师可以为学生设定反思的时间,例如每周一次的反思课或学习小组会议,这有助于确保学生定期进行反思,而不是将其视为一次性的任务。教师可以提出引导性问题,帮助学生总结他们的学习经验。例如,可以问学生他们在课堂上学到了什么,哪些方面需要改进,以及他们的学习目标是否得到了实现。鼓励学生分享他们的反思经验,可以通过小组讨论、课堂展示或在线讨论来实现,这有助于学生的互动学习,启发彼此的思考。鼓励学生设定学习目标,并根据反思结果制订行动计划,这使他们能够将反思转化为实际的学习策略和改进措施。教师可以提供支持和建议，帮助学生更好地理解他们的反思结果，并提供有关如何改进的反馈。学生应该被鼓励保持积极的反思态度，强调他们的成长和进步，而不仅仅是问题和挑战。通过鼓励自我反思，学生可以更深入地参与到他们的学习中，提高自我认知和自主学习能力，这有助于他们更好地理解自己的需求，并采取措施来改进日常表现。

（五）树立积极榜样

树立积极榜样对于激励学生追求卓越和成功非常重要。教师在学生生活中扮演着重要的角色，他们的教育方法、工作态度和职业经历都可以成为学生学习的方面。教师应该以积极的方式展现工作热情、职业道德和努力奋斗的精神。学校可以邀请成功的专业人士或社会领袖来校园发表演讲，分享他们的职业和生活经验，这些演讲可以激发学生的学习动力。学校可以定期举办成功案例分享会，邀请校内外的成功人士来分享他们的故事和经验，这有助于学生从别人的成功中汲取灵感和经验。学校可以设立荣誉墙，展示那些在学术、艺术、体育或社会服务方面取得杰出成就的学生，这可以鼓励其他学生追求卓越。学校可以为学生提供导师和辅导服务，让他们能够与成功的导师建立联系，获取职业指导和建议。学校可以通过校友杂志、校友会或社交媒体分享校友的成功故事，展示学校的成功历史，鼓励学生了解其他人的成功经历，具体可以通过报告、社交媒体或校内活动来实现，这有助于建立积极的校园文化。通过树立积极榜样，学校可以激发学生的学习动力，帮助他们追求卓越并实现自己的梦想，这些榜样不仅可以激励学生在学业上不断进步，还可以培养他们的职业素养和领导能力。

二、反馈和评估创新

（一）提供及时反馈

积极的反馈可以增强学生的学术积极性和自信心，鼓励他们继续努力。反馈不应仅强调学生的优点，还应体现学生的缺点并指出改进的方向，帮助学生得到进一步的提高。学生感受到教师的关心和支持，有助于建立积极的师生关系。及时反馈有助于学生在学术方面取得更好的成绩，因为他们知道如何改进。教师和学生应明确反馈的目的，以确保反馈是有针对性的，并与学习目标相关。反馈可以有口头、书面、电子邮件或在线注释等形式，选择适当的反馈方式，以满足学生的需求。在提供改进建议的同时，强调学生的优点和成就，以保持积极的氛围。反馈应该是具体的，包括明确的改进建议，帮助学生明白如何提高。反馈应该尽可能及时提供，以便学生可以立即行动。考虑学生的个体差异，尽量做到个性化反馈，关注每个学生的需求。鼓励学生回应反馈，并与教师一起制订学习计划，以实现改进。教师可以记录提供的反馈，以便跟踪学生的进展和改进历程。通过提供及时、个性化和积极的反馈，学校可以帮助学生更好地理解他们的学术表现，鼓励他们积极参与学习，同时提供指导和支持，以实现更高的学术成就，这有助于建立积极的学习环境和学术文化。

（二）建立目标导向的评估

目标导向的评估是一种重要的教学管理方法，能够确保教育过程与学习目标紧密相关，并提供了持续改进的机会。教师和学校应该明确制定学习目标，这些目标应该具体、可测量和与课程内容相关，学习目标可以包括知识、技能、态度等方面的目标。开发与学习目标相匹配的评估工具，包括考试、作业、项目、表现评估等，这些工具应能够准确测量学生是否达到了学习目标。在教学过程中，定期进行评估，以检查学生的学习进展。根据评估结果，为学生提供及时的反馈，反馈应该强调学生的优点和改进的方向，帮助他们更好地了解自己的学术表现。如果学生没有达到学习目标，教师应与他们一起制订改进计划，明确下一步的行动和支持措施。持续跟踪学生的学术进展，并记录评估结果，这有助于了解哪些领域需要额外的支持和改进。教师也应对自己的教学方法和教学管理进行评估，他们可以考虑是否有效地促进了学生的学习目标的实现，并采取适当的改进措施。学校可以根据评估结果不断优化课程内容和教学方法，以确保学习目标的实现。通过建立目标导向的评估体系，学校可以更好地了解学生的学习进展，提供有针对性的支持，同时也能够改进教学方法和课程设计，以提高教育质量和学生的学术成就，这种方法有助于确保教育过程与学习目标一致，使教育更加有效和更有针对性。

三、个性化学习

（一）学习分析和预测

学习分析和预测是教学管理中的一项关键策略，可以帮助学校更好地满足学生的需求并提供个性化的支持。学校应该收集多种类型的学习数据，包括学术成绩、参与度、学习活动记录、在线互动等，这些数据可以来自学习管理系统、在线学习平台和其他教育技术工具，数据应该定期整合，以建立全面的学生档案。学校需要投资于强大的数据分析工具和技术，以处理和分析大规模的学习数据，这些工具可以帮助教育者识别学生的学术趋势、学习行为和可能的困难。利用分析结果，学校可以给每位学生建立个性化的学习档案，这些档案应包括学生的学术历史、兴趣、学习风格、弱点和潜在问题。基于学生档案和数据分析结果，学校可以制订干预计划，包括额外的学术支持、个性化的学习资源、导师指导等，这有助于防止学生在学业上遇到大问题。为了更好地支持学生的学术目标，学校可以与学生合作，制定个性化的学业规划，包括课程选择、学分要求、毕业要求和职业发展方向等。利用数据分析技术，学校可以预测学生未来的学术成绩，以提前采取措施防止学生落后和识别需要改进的方面。学校应建立反馈循环，不断改进学习分析和预测方法，如评估干预计划的有效性和分析方法的准确性。学校在收集和使用学生数据时必须遵守隐私法规和伦理原则，确保学生的数据安全和隐私受到保护。通过学习分析和预测，学校可以更好地了解学生的需求，提前发现潜在问题，并提供有针对性的支持，以促进个性化学习和学术成功，这有助于提高教育的效果和效率，确保每位学生都能够实现自己的学术潜力。

（二）自主学习路线

学校可以鼓励学生与教育顾问一起制订个性化的学习计划，这些计划应该考虑学生的兴趣、学术水平、职业目标和时间表，教育顾问可以提供指导，帮助学生选择适合他们的课程和学习资源。学校应提供广泛的课程选择，包括不同难度级别、学科领域和教学模式，这样学生可以根据自己的需求和兴趣选择课程，创建自己的学习路线。学校可以允许学生在不同学科和学校之间转移学分，这种灵活性使学生能够按照自己的步调和学术兴趣构建自己的学习路线。学校应提供多种学习资源，包括图书馆、在线数据库、学术辅导和实验室设备。此外，学校还应提供支持服务，如职业咨询、学术指导和心理健康支持，以帮助学生实现他们的学术和职业目标。学校可以为学生提供培训，帮助他们发展自主学习技能，包括时间管理、目标设定、信息检索和批判性思维，这些技能对于成功构建自主学习路线至关重要。学校应定期与学生交流，评估他们的学习进展和满意度，这可以帮助学校了解学生的需求，并根据反馈作出改进。学生可以通过实习、志愿者工作和社会项目参与来增加他们的学习经验，这有助于将学术知识应用于实际情境，并培养综合素养。学校可以鼓励学生参与独立研究项目和创新活动，这有助于培养学生的问题解决和创造性思维能力。通过自主学习路线，学生可以更好地积累自己的教育经验，根据自己的兴趣和目标来决定学习的方向，这有助于提高学习的动力和效率，培养学生的独立性和自我管理能力。

（三）学习合同

学习合同是一种有助于个性化学习的工具，可以加强学生与教育者之间的合作。学习合同应明确列出学生的学术目标和期望的成果，包括课程要求、学分要求、项目目标或学术水平的期望。合同中应包括时间表，明确课程、作业或项目的截止日期，这有助于学生合理规划学习进度。合同可以指定学生可以利用的学习资源，如图书馆、实验室、在线课程等。同时，可以提供关于学校提供的学术支持和辅导服务的信息。学习合同可以明确学生和教育者的责任，学生可能需要承诺按时提交作业、参加课堂、寻求帮助等，教育者可以承诺提供指导、反馈和支持学习。合同可以规定定期的进展检测和评估，学生和教育者可以共同评估学生的学术进展，根据需要调整合同。学习合同可以包括奖励机制，以激励学生积极履行合同，奖励可以是荣誉、证书、奖学金等。合同应该具有一定的灵活性，以允许根据学生的需求和情况进行调整。如果学生面临挑战或变化，合同可以根据实际情况进行修改。学习合同的制定和执行需要双向沟通。学生和教育者应定期讨论合同内容，解决问题并提供反馈。学习合同有助于培养学生的自主性和责任感，同时也加强了教育者与学生之间的互动。它是促进个性化学习和学术目标达成的有效工具。

（四）虚拟实验室和沉浸式学习

虚拟实验室利用虚拟现实技术，为学生提供了进行科学实验的虚拟环境。学生可以在虚拟实验室中进行实验操作，观察反应和结果，并从中学习科学原理和实验技巧，这种方法有助于学生安全地进行实验，同时提供了更多的实验机会，以巩固他们的理解。增强现实技术将虚拟元素叠加在现实世界中，为学生提供了沉浸式的学习体验。例如，学生可以使用增强现实应用程序在博物馆中查看虚拟展品，或者在历史课上参观历史事件的重现场景，这种方法可以使学习更具趣味性和参与性，同时扩展了学生的学习环境。沉浸式学习还可以模拟真实世界的情境，以帮助学生应对各种挑战和问题。例如，医学生可以使用虚拟实境进行手术模拟，以提高他们的临床技能；与工程有关的专业的学生可以在虚拟环境中进行工程设计和测试，以应对复杂的问题……这种方法有助于学生在安全的环境中获得实际经验。虚拟实验室和沉浸式学习可以根据学生的需求进行个性化定制。学生可以根据自己的学习进度和风格选择不同的虚拟实验或情境，以达到他们的学术目标，这有助于提供个性化的学习路径，以满足不同学生的需求。沉浸式学习可以跨学科地应用于各种学科和领域，学生可以在不同学科中体验虚拟实验和情境，促进了综合性的学习和思维。

四、互动式教学

（一）在线协作项目

在线协作项目是一种互动式教学方法，已在教育领域取得了很大的成功，这种方法通过虚拟团队合作，使学生能够共同解决问题、完成任务和项目。首先，在线协作项目的设计通常要求学生分成小组或团队，这些团队可以由跨越地理位置的学生组成。每个团队成员都有自己的角色和任务，需要协作完成项目的不同方面，这种多样性的团队构成可以模拟现实世界中的跨文化和跨地域合作，为学生提供了珍贵的国际化经验。其次，在线协作项目通常包括解决实际问题或完成实际任务，这些项目可能涉及研究、设计、数据分析、编程、市场调查等各种任务，取决于课程的性质和目标。通过参与这些项目，学生能够将课堂所学的理论知识应用于实际情境中，培养实际解决问题的能力。在线协作项目还鼓励学生通过在线平台进行实时沟通和合作。学生可以使用电子邮件、聊天、在线会议工具等与团队成员交流，协调工作进度，分享想法和材料，这有助于培养学生的虚拟团队合作技能，这在现代职场中越来越重要。最后，项目评估。教育者通常会为每个学生和团队设定明确的评估标准，以评估他们在项目中的表现，这可以包括项目报告、演示、团队合作评价等。通过这种方式，学生不仅获得了实际项目经验，还得到了有针对性的评估和反馈，以帮助他们不断改进。总的来说，在线协作项目是一种促进学生团队合作、解决问题和提高实践技能的有效方法，它模拟了现实世界中的工作场景，为学生提供了宝贵的职业经验。随着在线教育的普及，这种教学方法将继续扮演重要角色，为学生提供更多的学习机会和挑战。

（二）翻转课堂模型

翻转课堂模型（Flipped Classroom Model）是一种教育方法，旨在改变传统的课堂学习方式，以更好地满足学生的学习需求和促进深度理解。在翻转课堂中，学生首先被要求在课堂前自主学习相关的课程内容，这通常通过分配阅读材料、观看教学视频、完成练习或在线模块来实现，这种自主学习的过程使学生能够在自己的节奏下掌握基本概念，为深入学习奠定基础。

与传统的课堂模式不同，翻转课堂将课堂时间用于互动和深入讨论。学生在课堂上与教师和同学互相讨论、解答问题、探讨案例研究等，这种互动性的教学方法有助于学生更好地理解和应用课程概念，同时提高了他们的批判性思维和问题解决能力。翻转课堂模型允许学生以自己的学习速度和风格学习课程内容，他们可以反复阅读或观看材料，直到他们完全理解，这种个性化的学习体验有助于满足不同学生的需求，从而提高学习成果。

在翻转课堂中，教师的角色发生了重大变化，他们不再是传授知识的主要来源，而是成为学习的指导者和促进者，教师需要设计引发学生思考的问题，鼓励讨论，提供反馈，并帮助学生运用所学知识。在翻转课堂中，评估通常是个性化和多样化的，学生需要完成在线测验、参与小组讨论、提交作业或参与项目，这些评估形式有助于教师了解每个学生的学术进展，以便为他们提供及时的反馈和支持。翻转课堂通常依赖于技术工具来提供课程材料和支持学习过程，在线视频、学习管理系统、协作工具等都可以用于支持翻转课堂的实施，这些技术工具使学生能够随时随地访问课程内容，并与教师和同学互动。翻转课堂模型旨在提供更加灵活、个性化和互动的学习体验。它强调学生的主动参与和深度学习，有助于培养学生的批判性思维和问题解决能力，提高他们的学术成就，随着技术的不断进步和教育创新的推动，翻转课堂模型在教育领域的应用将继续扩展。

（三）在线角色扮演和模拟活动

在线角色扮演和模拟活动是一种教育方法，通过模拟真实情境，让学生扮演特定的角色并参与互动，以达到学习目标。在这种教育方法中，学生被置于模拟的情境中，这个情境可以是与他们将来的职业或学术领域相关的，他们可能扮演不同的角色，如业务经理、工程师、医生、政治家等，然后解决和应对与这些角色相关的问题和挑战。学生需要根据所扮演的角色来应对情境中的挑战，这涉及模拟会议、角色扮演游戏、模拟交易等，学生必须思考并采取相应的行动，以完成任务或解决问题。在线角色扮演和模拟有助于学生实践和发展实际技能，例如，医学生可以通过模拟病人案例来练习临床技能，商学院的学生可以模拟商业谈判，与工程有关的专业的学生可以参与虚拟项目管理等。这种实践有助于学生更好地为将来的职业做准备。这种方法强调学生之间的互动和合作，学生可能需要与同学、教师或虚拟角色进行交流和协作，以达成共同的目标，这有助于培养学生的团队合作意识和沟通能力。在模拟情境中，学生经常面临复杂的问题和挑战，他们需要运用批判性思维和问题解决能力寻找解决方案，这有助于培养学生的分析思维和决策能力。在线角色扮演和模拟活动通常包括及时的反馈机制。学生可以根据他们的行动和决策获得反馈，从而了解哪些方面需要改进，这促进了学生的深度学习和自我提高。在线角色扮演和模拟活动是一种互动式、实践性强的教育方法，有助于学生在安全的虚拟环境中应对现实世界中的挑战，这种方法不仅提供了实际经验，还培养了多种关键技能，为学生未来的职业和学术生涯提供了有力支持。

在谈到在线角色扮演和模拟教育时，一个典型的案例是医学院的虚拟临床模拟，这种教育方法被广泛用于培养医学生的临床技能和决策能力。以下是一个具体案例：虚拟急诊科临床模拟。一所医学院为了培养急诊医学专业的学生，采用了虚拟临床模拟来提高学生的实际临床经验和决策能力。该课程教育目标是培养学生在急诊情境下进行初步诊断和治疗的能力，提高学生的紧急情况决策技能，培养学生的团队协作和沟通能力。实施过程包括学生通过使用虚拟临床模拟平台，进入模拟的急诊科场景，这个虚拟世界包括了一个模拟患者、医疗设备、实验室报告等元素，模拟了真实的急诊科工作环境。学生扮演医生的角色，面对来到急诊科的虚拟患者，他们需要与患者进行对话、收集病史、进行体格检查，并根据模拟的症状作出初步诊断和治疗决策。教师和模拟平台提供实时反馈，包括评估学生的临床技能、决策是否合理以及与患者的沟通质量等方面，反馈有助于学生改进他们的表现。学生通常以小组的形式参与，模拟团队中的医生、护士和实验室技术员，这鼓励了团队协作和角色分工。通过该课程教学，学生获得了更多的临床实践经验，提高了他们在急诊情境下的自信心。通过不断模拟和实时反馈，学生提高了他们的诊断和治疗技能。学生培养了团队协作、决策能力和紧急情况处理的技能。这个案例展示了如何使用在线角色扮演和模拟来模拟真实情境，培养学生的临床技能和实际决策能力，为未来的医学实践做好准备，这种教育方法也可以在其他领域，如工程、法律等，用于培养学生的实际技能和问题解决能力。

第三节 教学管理制度创新

一、学分制度改革

（一）学分的多样化获得途径

学分的多样化获得途径是学分制度改革中的一项重要举措，它有助于满足不同学生的学习需求。学生可以通过参与实习、实践项目或职业培训来获得学分，这种方式使他们能够将课堂学到的知识应用于实际工作场景中，增加职业技能和工作经验。学分制度改革鼓励学生参与项目和团队合作，以解决现实问题或完成学术项目，这有助于培养学生的合作能力和问题解决能力。学生还可以通过参与志愿活动和社区服务来获得学分，这有助于培养他们的社会责任感。学分制度改革扩大了在线课程和远程学习的认可范围，学生可以通过参与在线课程来积累学分，这种方式允许他们更灵活地安排学习时间。学生还可以通过自主研究项目或学术项目来获得学分，可以深入研究自己感兴趣的领域，培养独立思考和研究能力。学分制度改革强调跨学科学习的重要性，学生可以参与跨学科课程或项目，将不同领域的知识和技能整合起来，丰富他们的学术经验。

通过多样化获得学分途径，学生可以更灵活地规划自己的学习路径，根据兴趣和目标选择适合他们的学习方式，这有助于提高学生的学术满意度，提高他们的综合素质和职业竞争力。同时，学校也需要建立有效的学分认可和质量控制机制，以确保学生通过各种途径获得的学分都得到公正评估和认可。

（二）学分认可和转移

学分认可是指一所教育机构承认另一所机构所授予的学分，这些学分通常是在课程或学位计划中获得的，意味着学生可以将已经完成的学分计入他们的学位要求中。学分认可通常受到一定的条件和标准限制，包括确保学分所涵盖的内容与目标学校的课程要求相符，以及学生在原始学校取得足够好的成绩。学生通常需要向目标学校提交申请，附上他们在原始学校完成的课程清单和成绩单，目标学校的教务部门或注册处将审查这些材料，确定哪些学分可以认可。学分转移是指学生将已经获得的学分从一所教育机构转移到另一所机构，用于满足后者的学位要求，这使学生可以在不重新开始的情况下继续他们的学术生涯。学分转移通常要求目标学校认为原始学校所提供的课程与他们的课程等效，这可能需要对双方的课程大纲和内容进行比较。学校通常会规定学分转移的最大数量，这意味着学生可能无法将所有学分都转移到目标学校，因此可能需要在目标学校重新完成一些课程。学分认可和转移的重要性表现为：学分认可和转移为学生提供了选择的灵活性，使他们能够选择适合自己需求和兴趣的学校和课程。学分认可和转移可以节省学生的时间成本，因为他们不必重新学习已经掌握的知识和技能。这一过程支持了学术流动性，使学生能够更容易地在不同学校之间转移，并在不同阶段完成学业。学分认可和转移鼓励学生在不同学校和领域学习，增加了他们的学术多样性。总之，学分认可和转移对于学生的学术和职业发展非常重要，因为其为他们提供了更大的灵活性和选择，但学生应确保在计划转移学分之前了解目标学校的政策和要求，以便平稳地进行学术转移。

（三）学分评估和质量控制

学分评估和质量控制是学校确保学分制度的有效性和质量的关键。学分评估涉及定义学分的标准，包括学时、学术负荷、学习成果等，学校需要明确定义每个学分的价值，以确保学生的学业成果能够得到公平评估。学分评估还包括审核和评估课程内容，以确保其符合学校的标准和目标，这包括课程大纲、教材、教学方法和学术要求的审查。学分评估还涉及学分认可和转移的过程，其中确定哪些学分可以在其他学校或教育机构之间转移，这通常需要评估课程内容和学术标准的等效性。学分评估需要评估学生的学术成绩，包括考试、作业、项目和参与度等，这有助于确保学生的学业成绩准确地反映其知识和技能水平。质量控制开始于建立质量政策，其中学校明确其对学分制度的质量期望和承诺，这些政策通常包括教育标准、学术自由和学术诚信等方面的要求。学生的反馈是质量控制的重要组成部分。学校鼓励学生提供有关课程和学分制度的反馈，以便及时作出改进。根据评估和反馈，学校采取改进措施，以不断提高学分制度的质量和有效性，包括课程更新、师资培训和学生支持服务的改进。

综上所述，学分评估和质量控制是学校确保学分制度的质量和有效性的关键步骤。通过定义学分标准、评估课程内容、审查学术成绩、建立质量政策和进行内外部评估，学校可以确保学生获得高质量的教育，同时持续改进学分制度以满足不断变化的需求和标准。

（四）跟踪学生进展

跟踪学生进展是教学管理中的关键环节，它有助于了解学生的学术表现、需求和挑战，以及提供适时的支持和反馈。记录学生的考试成绩、作业成绩和其他评估数据是一种基本的跟踪方法，这些数据可以用来评估学生的学术表现，并识别是否有需要额外帮助的学生。利用学习分析工具和数据科学技术，可以跟踪学生在学习管理系统中的活动，包括他们的在线参与度、课程进度、访问频率等，学习分析可以提供有关学生学习行为的深入洞察。学术顾问和导师可以与学生建立联系，定期讨论他们的学术进展和需求，这种一对一的互动有助于及时识别和解决学生可能遇到的问题。鼓励学生进行自我评估和反思是跟踪进展的一部分，学生可以定期回顾自己的学习目标、挑战和成就，以及制订下一步的行动计划。提供定期的学术和教育反馈对学生来说非常重要，包括教师提供的定期进度报告、课程评估和个性化建议等。学校可以提供学业辅导和支持服务，帮助学生克服学习困难，包括补习、课程重修、学习技巧培训等。

二、评估体系更新

（一）基于学习成果的评估

基于学习成果的评估是一种强调学生实际学习成果和能力的评估方法，而不仅仅是依赖传统的标准化考试和分数。这种评估方法强调以下几个关键方面：

基于学习成果的评估将学生的知识、技能和能力与实际应用场景联系起来，这意味着学生需要展示他们在真实问题解决、项目完成、实验设计等方面的能力。这种方法鼓励多样性的评估方式，包括项目作业、研究报告、演示、实验、实际工作经验等，学生通过不同方式展示他们的学术和职业素养。

基于学习成果的评估考虑学生的个性化学习路径和进度，这允许学生在符合他们自己的节奏和学习风格的情况下展示学术成果。教育者提供实时反馈，帮助学生了解他们的优点和改进空间，使学生能够根据反馈进行调整和改进。评估方法不仅关注学术成绩，还包括社会情感发展、团队合作、批判性思维和问题解决能力等多个维度，这有助于培养学生的综合素质。学生被要求解决实际问题，这有助于培养他们的分析和解决问题的能力，评估将重点放在他们的解决方案和决策上。

基于学习成果的评估与职业准备密切相关，学生的学术成果需要与未来职业需求和工作场景相匹配。

（二）学生参与评估

学生参与评估是教学管理中的一项创新策略，它强调学生在自己学习过程中的主动参与和反馈。学生参与评估意味着他们在制定学习目标、课程设计、评价方式以及教学方法等方面发挥了积极作用。他们被鼓励在学习过程中提出问题、分享观点、参与讨论，以促进深入学习。学生被要求定期自我评价自己的学术进展和个人成长，他们反思学习目标的实现程度，识别自己的优点和改进空间，并制订改进计划。学生可以参与评估工具和评价方式的设计，这确保评估方法更加公平和符合学生需求，同时提高了学生对评价的接受度。学生可以选择多样化的评估方式，包括项目作业、学习日志、小组讨论、自我评估等，他们有机会选择适合他们学习风格和强项的评估方式。学生收到实时反馈，可以帮助他们更好地了解自己的学习进展，这有助于他们及时调整学习策略和取得更好的成绩。学生的反馈和建议被用于课程改进，他们可以提供关于课程内容、教学方法和学习资源的反馈，帮助教育者不断提高教学质量。学生参与评估时，更有可能对自己的学习负责，他们更加主动地管理自己的学术进程，提高了自我管理和学习技能。学生知道他们的意见和努力对评估和教学改进产生影响，这可能会激发他们的学习动力和参与度。

（三）综合性评估

综合性评估是一种广泛的评估方法，旨在全面了解个体或系统的各个方面。在教学管理领域，综合性评估通常指对学校、课程或学生进行全面评估，以获取多维度的信息。综合性评估考虑了多个方面，包括学术成绩、学生行为、教学质量、学校管理、课程设计、学校文化等，这种方法旨在获取全面的数据，以便更好地了解教育体系的整体表现。综合性评估通常包括定性和定量数据的收集。定性数据是通过访谈、观察、焦点小组讨论等方式获得的，而定量数据是学生考试成绩、学术进展数据、问卷调查等。数据可能有多个来源，包括学生、家长、教师、管理人员以及外部评估机构。这有助于确保数据的客观性和多样性。综合性评估需要对收集到的数据进行全面的分析和解释，这意味着评估人员需要识别趋势、问题和潜在改进点，以提出相关建议。综合性评估的目的是提高教学质量，评估结果应该被用来制订改进计划，以解决问题并提升教育体系的效果。综合性评估通常是定期进行的，以监测教育体系的演变和改进，这种定期性评估有助于保持质量水平并适应变化的需求。学校通常将综合性评估的结果向各方披露，包括学生、家长、教职员工和社会公众，透明性有助于建立信任。综合性评估的结果可能对教育政策的制定和改进产生影响，政策制定者可以利用这些数据来制定更符合实际需求的政策。

（四）社交互动评估

社交互动评估是一种评估方法，旨在测量学生与同学、教师和学习社区的互动程度以及这些互动对学习的影响。这种评估方法强调了学习环境中的社交元素和协作的重要性。社交互动评估涵盖多种类型的互动，包括课堂内的小组讨论、在线论坛上的互动、教师与学生之间的互动、学生之间的合作等，这种评估旨在确定不同类型的互动对学生的学术和社交发展产生的影响。社交互动评估通常使用多种测量工具，包括问卷调查、观察记录、学生自我报告等，这些工具可以帮助评估学生的社交互动水平、参与程度和态度。评估社交互动还关注学生的协作技能，包括团队合作、沟通、问题解决和冲突解决能力，这些技能在学校和职业生涯中具有重要意义。社交互动评估也要求关注学生的学术成果，它可以测量学生是否通过社交互动获得更多的学术支持，以及这是否对他们的学术表现产生积极影响。学校和教育者可以利用社交互动评估的结果来改进教学方法和课程设计。例如，他们可以调整课堂互动的方式，以更好地满足学生的需求。社交互动评估还可以帮助学校评估学习社区的健康程度，学校可以关注学生之间的社交关系、支持网络的建立以及学校文化对社交互动的促进。学生通常会接收到社交互动评估的反馈，以帮助他们改进互动方式，这有助于培养他们的社交技能。

（五）全程教育生命周期评估

全程教育生命周期评估是一种综合性的评估方法，旨在跟踪和评估学生在其整个教育生涯中的学术和个人发展。这种评估方法不仅关注学生在不同阶段的学术表现，还关注他们的社会、情感、职业和生涯发展。全程教育生命周期评估考虑多个维度，包括学术表现、社交互动、情感健康、职业规划和生活技能，评估者会使用多种方法和工具来测量这些维度。评估通常从学生入学开始，在这个阶段，学校可以评估学生的学术水平、兴趣、职业目标和社会技能，这有助于为学生制订个性化的学习计划。全程教育生命周期评估是一个周期性的过程，它定期跟踪学生的进展，这可以包括每学年或每学期的评估，以及过渡关键阶段（例如初中到高中、高中到大学）时的评估。基于评估结果，学校可以制订个性化的学术和职业发展计划。这些计划应该包括目标设定、学科选择、职业规划、社会技能培养等方面。如果评估发现学生面临学术或情感方面的挑战，学校和教育者可以提供及时的支持和干预，这可以包括补习课程、情感健康咨询、职业指导等。全程教育生命周期评估不仅关注学术生涯，还关注学生毕业后的职业和生活表现，毕业后的跟踪评估可以帮助学校了解他们的校友的职业发展和社会参与。学校可以使用全程教育生命周期评估的结果来改进课程设计、学校政策和支持服务，这有助于提高教育质量和促进学生发展。

三、教学资源共享

教学资源共享是教学管理制度创新的一个重要方面，它通过集中和共享教育资源，提高了教育的效率和质量，以下是关于教学资源共享的详细叙述：

（一）教材和课程资源共享

教材和课程资源共享在现代教育中发挥着关键作用。学校可以建立在线教材和课程资源库，将教育资源免费或有偿提供给教师和学生。这一举措具有多重益处。首先，通过建立这样的资源库，学校可以有效地降低学生的教材费用。传统教材费用可能相当昂贵，对一些学生来说可能成为经济负担。共享数字教科书和其他课程材料意味着更多的学生可以访问免费或成本更低的学习资料，减轻了他们的经济压力，增加了教育的可负担性。其次，教材和课程资源的共享提高了课程的可访问性。学生可以随时随地通过互联网访问这些资源，无须依赖特定的地点或时间，这种灵活性使得教育更加适应学生的需求，特别是那些具有不规则时间表或远程学习需求的学生。此外，共享教材和课程资源有助于促进教学的标准化和改进。教师可以借鉴和采用他人创造的高质量教材和课程，从而提高了教育的一致性和质量水平。同时，教师可以共享自己的教学材料，从同行的反馈中获益，不断改进自己的教育方法。最后，这种资源共享鼓励了教育社区的合作和知识共享。教师和学者可以更容易地分享他们的教育创新和最佳实践，推动了教育领域的进步。这种协作精神有助于建立更加强大的教育生态系统，为学生提供更好的学习体验。

综上所述，教材和课程资源的共享是教育领域的一项重要创新，它减轻了学生的经济负担，提高了教育的可访问性，促进了教学的标准化和改进，同时也推动了教育社区的合作和知识共享，有望进一步推动教育的发展和进步。

（二）虚拟实验室和实践资源

虚拟实验室和在线实践资源的共享代表了教学管理领域的一项重要创新，这一创新为高校提供了更多的教育资源，特别是在实验和实践方面，同时也为学生和教师带来了众多益处。首先，虚拟实验室和在线实践资源的共享极大地提高了实验设备和实践场地的有效利用率。在传统的实验室教学中，学生通常需要排队等待使用实验设备，而这可能导致时间冲突和教育资源的浪费。通过在线共享虚拟实验室，学生可以根据自己的时间表进行实验，无须等待，提高了实验设备的使用效率。其次，共享虚拟实验室和在线实践资源为学生提供了更大的灵活性。学生可以随时随地通过互联网访问这些资源，而不受地点和时间的限制，这种灵活性允许学生根据自己的学习节奏和需求安排实验和实践活动，增加了他们的学术自主性。此外，共享虚拟实验室和在线实践资源还扩展了学生的实际操作经验。学生可以在虚拟环境中进行实验和练习，模拟真实的实验场景，从而获得更多的实践经验，这种虚拟实验的方式不仅安全，还可以减少实验设备的磨损，节省了资源和维护成本。最后，虚拟实验室和在线实践资源的共享提高了实验教育的效果。学生可以通过多次练习和模拟实验来加深对实验原理和操作方法的理解，提高了他们的实验技能水平，这对于培养学生的实验能力和科学精神非常关键，同时也提高了实验教育的教学质量。

综上所述，虚拟实验室和在线实践资源的共享为高校带来了更多的教育资源，提高了实验设备的利用率，增加了学生的学术自主性，扩展了实践经验，提高了实验教育的效果，这一创新有望进一步推动实验教育的发展和进步。

（三）开放教育资源（OER）

开放教育资源（OER）是一项重要的教学管理创新，在高校和其他教育机构中得到广泛应用。OER 是指开放许可的教育资源，包括教科书、课程材料、教学视频、习题集等，可以免费使用、修改和分享。首先，OER 的核心特点是开放性和自由使用。这意味着教师和学生可以在没有版权限制的情况下访问、下载、使用和共享这些资源。与传统的教材和教学资源不同，OER 的使用不受知识产权的束缚，使教育资源更加普及和可访问。其次，OER 鼓励创新和个性化教育。教师可以根据自己的教学需求和学生的特点来定制和修改 OER，以适应不同的教学环境和学习风格，这有助于提供更适应学生需求的教学内容，增加了教学的灵活性。再次，OER 有助于降低教育成本。传统的教科书和教学材料通常价格昂贵，给学生增加了负担。通过使用免费的 OER，学生可以减少教育支出，降低了教育的经济门槛，使更多人能够接受高质量的教育。此外，OER 促进了知识的共享和协作。教师和学校可以将他们创建的 OER 分享给全球社区，从而扩大了资源的影响范围，学校可以参与到国际性的 OER 项目中，与其他学校合作共建资源库，共同推动教育的全球化。最后，OER 有助于提高教育资源的可持续利用。由于其开放性质，OER 可以被不断更新和改进，以适应教育领域的发展，这种可持续性有助于确保教育资源的长期可用性，为未来的学生和教师提供支持。

综上所述，OER 是一项重要的教学管理创新，通过其开放性、自由使用和可持续性等特点，有助于降低教育成本，提高教育资源的可访问性，促进知识共享和全球协作。它在现代高等教育中具有重要的作用，将继续推动教育领域的发展和创新。

（四）教育技术工具和平台共享

教育技术工具和平台的共享是教学管理创新中的一项关键举措，旨在提高教育效率和提供更多的学习资源。首先，共享教育技术工具和平台有助于提高教学效率。现代教育越来越依赖于技术来支持教学和学习过程，教育技术工具和在线学习平台可以帮助教师更好地组织课程、管理学生、提供在线资源等，通过共享这些工具，学校可以避免重复购买和开发相似的技术，从而提高了资源的利用效率。其次，教育技术工具和平台的共享扩展了教育资源的可访问性。许多学校可能没有足够的预算来购买昂贵的教育技术工具，或者缺乏能力自行开发这些工具，通过共享，即使是资源有限的学校也可以获得高质量的教育技术工具，从而提供更好的教育服务。再次，共享技术工具和平台提供了更多的学习和教育工具选择。教育领域的技术工具和平台日益多样化，包括在线测验和评估平台、虚拟实验室、在线协作工具、学习管理系统等，学校可以根据自己的需求和教育目标选择适合的工具，以丰富教学体验。此外，共享教育技术工具和平台还有助于降低教育成本。购买和维护教育技术工具和平台通常需要大量的资金投入。通过与其他学校或机构共享，学校可以分摊成本，减轻了财务压力，使更多资源用于教育的其他方面。最后，教育技术工具和平台的共享还促进了教育创新。学校可以从其他学校的经验中，了解哪些技术工具和平台在提高教学效果方面最为有效，这有助于不断改进教育实践，提高教育质量。

总之，教育技术工具和平台的共享在教学管理创新中扮演着重要角色，它提高了教育效率，扩展了资源的可访问性，提供了更多的选择，降低了成本，并促进了教育创新，这一趋势将继续推动教育领域的发展和进步。

四、学生参与决策

学生参与决策是教学管理创新的重要方面，它强调了学生在教育过程中的积极参与和主动性。这种参与可以在学校的各个层面进行，从课堂决策到学校政策的制定，都可以考虑学生的声音和意见。以下是关于学生参与决策的一些关键概念和好处：

（一）学生参与决策的概念

学生参与决策是一项基于教育理念的实践，旨在将学生视为教育过程的积极参与者和合作伙伴，而不仅仅是被动的知识接受者，这一概念强调学生在塑造他们自己的学习经验和教育环境中发挥积极作用。学生参与决策的核心概念在于承认学生是教育过程中的主体，他们的声音和观点应该被尊重和重视，这意味着学生不仅仅是被动地接受知识，还能够在课堂和学校层面上积极参与，对教育过程产生影响。学生参与决策的范围非常广泛，可以涵盖多个层面。如在课堂中，学生参与制定课程内容、教学方法和评估方式；在学校层面，学生参与学校政策的制定、资源分配、学校文化的塑造等。学生参与决策鼓励学生展现自主性和创造性，这不仅仅是听取学生的建议，还包括鼓励他们提出创新的想法和解决方案，以改进教育体验和学校环境。学生参与决策有助于培养学生的关键技能，如批判性思维、问题解决、沟通和团队合作，这些技能对于他们未来的职业和社会参与至关重要。学生参与决策可以增强学生的参与感和责任感，当他们感到自己的声音被听到并影响了教育过程时，他们更有可能积极参与学习活动。学生参与决策也伴随着一定的权利和责任，学生有权表达自己的意见和需求，但他们也需要负责维护积极的学习环境和学校社区。总之，学生参与决策的概念强调了学生在教育过程中的积极角色和责任，以及他们对自己学习和教育环境的影响力，这一概念推动了教育领域的变革，使教育更加个性化、参与式和有针对性，以满足不同学生的需求和背景。学生参与决策是一项重要的教育创新，有助于培养学生的领导力和社会参与能力。

（二）教育决策的范围

教育决策的范围非常广泛，学生参与可以在不同层面和领域中进行，以下是一些典型的范围：学生可以参与教学计划的制订和教材的选择，并针对如何更好地传授知识提出自己的看法和建议；提供有关感兴趣的主题、课程内容和教材的建议，以使课程更具吸引力；参与决策关于评估和测试的方式，提出对于公平和有意义的评估方法的建议；参与学校政策的制定，如纪律政策、学校规章制度、学校活动的规划等；参与决策有关学校资源的分配，包括图书馆、实验室、体育设施等；参与塑造学校文化和营造友好的学习氛围，提出改进建议以提高学校社区的凝聚力；参与关于国家或地区教育课程和学术标准的决策，提供关于课程内容和教学方法的见解；参与广泛的教育政策和改革讨论，就如何改善教学体系提供意见和建议。可以促进学校与家庭和社区之间的合作，帮助建立更强大的支持体系；参与教育政策的倡导工作，为教育改革和学生权益发声……在所有这些层面，学生的参与都有助于确保教育决策更加包容、综合和符合不同学生的需求，它强调了学生的声音和观点在塑造他们自己的教育经验和教育环境中的重要性，从而增强了学生的参与感。

（三）学生参与决策的好处

学生参与决策带来了多方面的好处，这些好处不仅影响学生本身，还对教育系统和社会产生了积极的影响。学生在教育决策中的参与让他们感到更有动力，因为他们知道自己的声音被听到和重视，这可以激发学习兴趣，促使他们更积极地参与学习活动，提高学术成就。学生通常具有新颖的视角和创造性的解决方案，他们的参与可以帮助学校和教育者更好地理解问题的本质，找到更有效的方法来解决各种教育难题。当学生的声音被听取并反映在教育决策中时，他们对整个教育体验更加满意，这种满意度有助于建立积极的学校文化，提高学生对学校的忠诚度和参与度。学生参与决策可以培养年轻一代的公民参与意识，他们将在学校中学到如何表达自己的观点，参与集体决策，这些技能和意识将在未来的社会和政治参与中发挥重要作用。学生参与可以促使学校更好地满足个体学生的需求和兴趣，学生的参与可以帮助定制课程和教学方法，以适应不同学生的学习风格和水平。学生参与决策有助于建立学校内部的信任和合作关系，学生感到自己的声音受到尊重，教育者和学生之间的关系更加积极和平等。

综上所述，学生参与决策不仅有助于提高学生的学术成就和满意度，还培养了他们在社会中发挥积极角色的能力，这对于教育体系的改进和社会的进步都具有重要意义。通过将学生视为教育过程中的合作伙伴，我们能够建立更具包容性和参与性的教育环境，使每位学生都能够发挥其最大潜力。

（四）学校的支持

学校的支持是确保学生参与决策能够成功实施的关键因素。学校应确保学生了解有关教育决策过程、机会和重要信息，这包括向学生提供有关决策主题、时间表、决策机构和流程的清晰和易于理解的信息。学校可以为学生提供培训和教育，以帮助他们理解决策过程、技能和工具，这可以包括如何提出建议、有效沟通、协作和解决问题等方面的培训。学校应提供多样化的学生参与决策的机会，包括参与学生议会、学校委员会、课程开发小组、项目评估等，不同的机会可以满足不同兴趣和能力的学生的需求。学校应鼓励学生参与，并给予他们适当的认可和奖励，包括表扬、奖学金、领导奖章等方式，以激励更多的学生参与。学生在参与决策过程中可能需要支持和指导，学校可以指派导师或顾问，以协助学生参与，并为他们提供反馈和建议，以帮助他们提高参与的质量。学校应建立有效的反馈渠道，以便学生能够提出意见、建议和反馈，这些渠道应保证学生的声音可以得到听取和回应。学校可以制定明确的政策和流程，如规定学生参与的权限、责任和程序等，以确保学生的参与是有序和有效的。学校可以努力营造一种鼓励学生参与的文化和氛围，这包括倡导尊重、开放性沟通和包容性的价值观。通过提供这些支持和鼓励措施，学校可以确保学生参与决策不仅仅是一种象征性的举措，而是一种有意义和有效的参与，有助于提高教育质量，满足学生的需求，培养领导力和公民参与能力，这种支持也有助于建立积极的学校文化，加强学生与学校之间的互信关系。

（五）挑战和考虑因素

学生参与决策存在一些挑战和需要考虑的因素，这些因素涵盖了学生的年龄、成熟度、文化背景以及决策过程本身的质量。学生的年龄和成熟度会影响他们的决策，较年幼的学生可能需要更多的指导和支持，而较成熟的学生可能具有更高的决策能力。学生的文化背景和价值观可能会影响他们对参与决策的看法和方式，一些文化可能更加强调尊重权威，而另一些文化可能更注重集体参与。不同的教育环境可能会对学生参与产生影响，例如，私立学校和公立学校之间的文化和实践可能不同，这可能影响学生的参与程度。学生的参与应该是有意义和有效的，而不仅仅是象征性的，学生需要看到他们的意见和建议产生了实际的影响，否则他们可能会失去兴趣。确保学生参与决策不会导致权力失衡是一个重要的考虑因素，学生的参与应该与教育者和决策者的参与相平衡，以避免不平等的影响。学生参与需要确保他们的隐私权受到保护，特别是在处理敏感信息和个人数据时，应采取适当的隐私保护措施。教育者需要适应学生参与决策的新模式，这可能需要培训和支持，教育者需要了解如何有效地与学生合作，鼓励他们的参与。学生参与决策后，需要建立评估和反馈机制，以确保决策的质量和效果，这包括对学生参与的过程和结果进行评估，并根据反馈进行改进。综合考虑这些因素，学生参与决策应该是一个谨慎和平衡的过程，它需要学校、教育者和学生共同努力，以确保学生的参与是有意义、有质量、有平衡的，适当的指导和支持可以帮助学生克服挑战，确保学生的参与对教育过程和决策产生积极的影响。

五、教育科研支持

（一）研究基金和赞助

研究基金和赞助在教育科研支持中扮演着至关重要的角色，它们为教育研究项目提供了必要的财务支持，有助于推动教育领域的学术发展。研究基金和赞助机会可以来自多个来源，包括政府机构、私营部门、非营利组织以及学术基金会，这种多样性确保了教育研究的资金不受限制，有助于鼓励各种类型的研究项目。研究基金通常提供项目启动和运行所需的资金，包括项目计划、研究设计、数据收集、实验设备购置、聘请研究人员等方面的费用，这些资金使研究项目能够顺利开展，确保了项目的可行性。一些研究组织提供奖学金来支持博士生和研究生的研究工作，同时也为他们提供完成学位项目所需的经济支持，这有助于培养新一代的研究人员和学者。研究基金通常采取竞争性的申请程序，研究人员需要提交详细的研究提案并经过严格的评审，这确保了项目的质量和学术价值，同时也提高了研究人员的竞争力。获得研究基金，研究人员能够开展深入的研究工作，产生新的知识和学术成果，这些成果可以通过学术出版物、会议演讲、研究报告等方式传播，有助于学术领域的发展和知识的共享。研究基金可以用于解决教育领域面临的各种问题和挑战，如提高教育质量、促进教育公平、改善教学方法等，这有助于不断改进教育体系，提高学生的学习成果。研究基金和赞助为教育领域的研究人员提供了宝贵的资源和支持，推动了教育科研的进步和创新。

当涉及研究基金和赞助机会的具体案例时，一个著名的例子是美国国家科学基金会（National Science Foundation, NSF）提供的研究资助。NSF是美国联邦政府的一家机构，致力于支持和资助各种科学领域的研究项目。在教育领域，NSF经常提供研究基金来支持教育改革、科学教育研究和教育技术创新，例如"提高在线学习的互动性和效能：基于数据驱动的方法"是一个关于教育技术和在线学习的案例。该研究项目旨在提高在线学习环境的互动性和学习效能。在线学习在现代教育中变得越来越重要，但如何提高在线学习的效果一直是一个关键问题，该项目旨在通过数据驱动的方法来改进在线学习平台，以提供更个性化、互动性更强的学习体验。NSF向该项目提供了数百万美元的研究基金支持，这些资金用于开发和测试新的在线学习工具、收集学生学习数据以进行分析，并聘请研究人员和教育技术专家来推进项目。通过该项目的资金支持，研究人员能够开发出一系列基于数据分析和个性化学习的工具和方法，这些工具可以跟踪学生的学习进度，根据他们的需求提供学习建议，并改进在线学习平台的设计,以增强互动性和学习效能。该项目的成果有望提高在线学习的质量,降低学生的辍学率,并为在线教育领域的进一步研究提供有价值的数据和方法。这个案例突显了研究基金和赞助机会在推动教育科研和创新方面的重要性,尤其是在数字化教育领域。通过这些基金,研究人员能够开展有深度和广度的项目,对教育事业产生积极的社会影响。

(二)研究设施和实验室

研究设施和实验室在教育科研支持中扮演着至关重要的角色,其为研究人员提供了现代化的工作环境和必要的资源,有助于他们开展高水平的教育研究。教育科研通常需要多功能实验室,用于不同类型的研究项目,这些实验室可能包括心理学实验室、教育技术实验室、教育政策研究中心等,每个实验室都配备了相应的设备和技术,以支持相关领域的研究。实验室通常配备了现代化的研究设备和工具,包括心理测量仪器、数据分析软件、虚拟实验平台等,这些工具使研究人员能够进行复杂的数据收集、分析和实验操作。研究设施通常提供了大规模数据收集和分析的资源,包括问卷调查工具、实验室数据采集系统、统计分析软件等,这有助于研究人员有效地处理和分析研究数据。实验室和研究设施通常配备了专业的研究支持团队,包括技术人员、数据分析师、研究协调员等,这些团队成员协助研究人员进行实验和数据处理,提高了研究的效率和准确性。一些研究设施提供开放式的研究空间,鼓励不同领域的研究人员互相合作,这种协作环境有助于跨学科研究和创新性项目的开展。研究设施还可以提供研究项目的支持,包括项目管理、经费管理、伦理审查等方面的协助,这有助于确保研究项目按计划顺利进行。现代化的研究设施和实验室为教育科研提供了必要的基础设施和资源,有助于研究人员开展高质量的研究工作,推动了教育领域的知识产生和创新。

(三)研究培训和发展

研究培训和发展在教育科研支持中具有重要意义,它旨在提供教育者所需的专业技能和知识,以便他们能够开展高质量的研究工作。学校可以提供各种类型的研究方法培训,包括定性和定量研究方法、调查设计、实验设计等,这些培训有助于教育者选择适当的研究方法,确保研究的科学性和可靠性。学术写作是研究工作的关键部分。学校可以提供学术写作指导,包括论文写作、研究报告撰写、文献综述等,这有助于教育者有效地传达他们的研究成果和观点。针对定量研究,统计分析是不可或缺的。学校可以提供统计分析支持,包括统计软件的培训和咨询服务,这有助于教育者正确地分析和解释他们的研究数据。学校可以促进学术交流,包括研讨会、研究讲座、国际会议等,这些机会使教育者能够与同行分享他们的研究成果,获得反馈和建议。一些学校建立了导师制度,让有经验的研究者指导和培养新手研究者,这种导师制度有助于新研究者更快地适应研究环境。学校可以为教育者提供访问研究资源,包括图书馆、数据库、在线期刊等,这有助于扩展研究者的文献综述和文献检索能力。研究培训和发展为教育者提供了必要的技能和资源,帮助他们开展高质量的研究工作,推动了教育科研的发展和创新,这些支持措施有助于培养有竞争力的研究者和学者,提高了教育领域的研究水平。

(四)研究成果传播和知识分享

研究成果传播和知识分享在教育科研支持中具有关键作用,它有助于将研究成果转化为实际影响和改进。学校可以鼓励教育者将他们的研究成果发表在学术期刊、书籍和研究报告中。这些学术出版物提供了一个广泛的平台,让教育者能够分享他们的研究发现,同时也为同行提供了一个学术交流的机会。学校可以组织和支持学术研讨会和研究会议,以促进研究成果的交流和讨论,这些活动为教育者提供了与其他领域专家互动的机会,从而丰富了他们的研究经验,并可以引发新的研究合作。教育科研支持还包括向政策制定者、学校和社会大众提供研究报告和政策建议,这有助于将研究成果转化为实际政策和实践,从而解决教育体系和教育领域存在的问题。学校可以建立在线知识共享平台,供教育者上传和分享他们的研究成果、教育资源和教学经验,这个平台可以促进全球范围内的知识交流和协作，有助于解决教育领域的问题。教育者可以通过参与社区教育项目和普及教育活动来分享他们的知识，包括为社区提供教育培训、举办公共讲座和工作坊等，通过这种方式，研究成果可以更广泛地惠及社会各个层面。研究成果传播和知识分享是将教育科研成果转化为实际影响的关键步骤。通过学术出版物、研讨会、研究报告等方式，教育者能够将他们的研究成果传播给学术界和社会大众，从而为教育领域的改进和创新作出贡献。

（五）政策研究和决策支持

政策研究和决策支持在教育科研支持中具有重要的作用，它有助于提高教育政策的质量和效果。研究机构可以进行深入的政策分析，评估现有教育政策的实施和效果，这包括政策的目标是否实现、政策对不同群体的影响等方面的研究。通过科学的分析，政策制定者可以更好地了解政策的效力和潜在问题。基于研究成果，研究机构可以提供政策建议，为政府和决策者提供决策支持，这些建议可以包括修改现有政策、制定新政策、改进政策实施方式等。政策建议的科学依据有助于制定更具实效性和可持续性的教育政策。政策研究可以涉及数据的收集和监测，以了解教育领域的趋势和问题，这些数据可以用于制定政策目标、监测政策实施过程中的进展，并为政策评估提供支持。数据驱动的政策制定有助于更好地应对教育挑战。研究机构可以促进政策对话和公众倡导，鼓励不同利益相关者之间的合作和交流，这有助于制定更具共识和可行性的政策，确保政策能够得到广泛的支持。政策研究可以涵盖国际比较和分享最佳实践。与其他国家和地区的教育政策和实践进行比较，可以借鉴成功经验并避免潜在的问题，这有助于提高教育政策的国际竞争力。政策研究和决策支持为教育领域的政策制定提供了科学依据和实际建议。通过深入的分析、数据支持和政策建议，研究机构可以帮助政府和决策者制定更具针对性和有效性的教育政策，从而推动教育体系的改进和提高。

第四节 成功案例研究

一、不同高职院校的创新实践案例

（一）虚拟实验室和沉浸式学习案例

虚拟实验室和沉浸式学习在高职院校的创新实践中发挥了重要作用，这一方法通过采用先进的虚拟现实（VR）和增强现实（AR）技术，将学生置于虚拟环境中，以进行实验操作的学习和实践。首先，虚拟实验室为学生提供了一种安全、无危险的实验环境。在某些实验中，使用真实设备或物质可能存在风险，或者需要昂贵的设备，虚拟实验室通过模拟实际实验过程，允许学生进行试验，而无须担心危险或资源成本。其次，沉浸式学习技术为学生提供了更深入的实际操作体验，学生可以亲身参与虚拟实验，观察反应、收集数据和分析结果，这种亲身经历可以增强他们的理解力和技能，使他们可以更好地应对实际问题。此外，虚拟实验室扩展了学生的实际操作经验。传统实验室资源可能有限，但虚拟实验室可以提供多样性的实验和情境，学生可以参与不同领域和学科的虚拟实验，积累更广泛的经验。最后，虚拟实验室和沉浸式学习技术提高了学生的参与度和互动性，他们可以积极参与实验，提出问题，探索各种可能性，并从错误中学习，这种积极的学习方法有助于提高学生的批判性思维和解决问题的能力。综上所述，虚拟实验室和沉浸式学习技术为高职院校带来了新的实验和实践教育方式，它们提供了更安全、更深入、更广泛和更互动的学习体验，有助于培养学生的实际操作技能和综合素质，这些技术代表了高职院校在教育领域的前沿实践，使学生准备得更好，以适应不断发展的职业需求。

（二）跨学科项目学习案例

跨学科项目学习在高职院校的创新实践中崭露头角，它为学生提供了一个协作、解决实际问题的独特机会。首先，跨学科项目学习强调不同学科领域的学生之间的协作，这种协作模式迫使学生跨越自己学科的界限，与来自其他学科的同学一起工作，这有助于打破学科壁垒，促进跨学科思维和合作技能的培养。其次，这种学习方式面临的案例通常是复杂的、真实的问题，学生需要共同解决这些问题，这要求他们整合各自学科的知识和技能，提出创新性的解决方案，这种实际问题解决能力对于学生的职业准备至关重要。此外，跨学科项目学习有助于学生培养批判性思维和问题解决技能，他们需要审视问题的不同方面，分析各种因素，然后提出基于证据的解决方案，这种思考方式在职业生涯中具有重要价值。最后，跨学科项目学习为学生们提供了在团队合作、沟通和领导方面的机会，他们必须有效地合作，分享责任，协调工作，并有效地表达他们的想法，这有助于培养他们的人际关系技能和领导能力。

综上所述，跨学科项目学习在高职院校的创新实践中推动了学生的综合发展，它通过促进协作、实际问题解决、批判性思维和领导技能的培养，为学生提供了更广泛的学习经验，这种方法有助于学生更好地应对未来职业中的多样化和复杂性，使他们成为有竞争力的专业人才。

二、成功经验和案例教训

（一）成功经验

1.合作与实践导向

在实践导向的教学管理中，与行业和实际应用领域的合作是成功的关键因素之一。学校积极与行业、企业、社会组织等建立战略合作伙伴关系，这些伙伴不仅可以提供实际项目和实践机会，还能提供资源、专业知识和支持。学校将实际项目融入课程，确保学生在解决真实问题的过程中能应用他们所学，这种整合有助于学生将理论知识转化为实际技能。邀请行业专业人士参与教学，担任讲师、导师或项目评审，他们的实际经验和见解为学生提供了宝贵的指导。学校鼓励教职员工进行实践导向的研究，解决行业或社会的实际问题，这不仅有助于知识创新，还为学生提供了参与的机会。学校投资实际场地和设备，包括实验室、模拟场地、工作坊等。学校与企业合作开展项目，以支持实践导向的学习。学生可以在这些项目中参与解决真实问题，这不仅提供了实践经验，还有望为学生提供就业机会。这些成功经验强调了合作的重要性，以确保学生接触到实际世界的挑战和机会，并将所学知识应用到实践中。与行业和社会合作伙伴的紧密联系有助于培养具备实际技能和职业素养的毕业生。

2.师资力量

一支强大的师资队伍对于实践导向的教育至关重要。学校拥有来自不同领域的教师团队，这些教师具备多样化的背景和专业知识，这有助于提供跨学科的课程和项目，更好地满足学生的需求。学校招聘具有行业经验和专业背景的教师，他们能够与学生分享实际工作经验，并将理论知识与实际应用相结合。学校鼓励和支持教师参加持续专业发展活动，包括培训、研讨会和行业研究，这有助于保持教师的知识和技能的更新。学校指定项目导师，负责指导学生在实践项目中的学习，这些导师通常是学校内部或外部的专家，能够提供实际指导和反馈。随着教育技术的普及，学校也培养了教育技术专家，使其能够有效地整合技术工具到教学中，提高学生的参与度和教育质量。学校鼓励教师之间的合作和团队教学，这有助于丰富课程内容，提供更多的学术和实际经验。一个具备多样化背景和专业知识的师资力量，以及持续专业发展和合作精神，有助于为学生提供高质量的实践导向教育。教师的行业经验和教育技能相结合，为学生的职业发展提供了坚实的基础。

3.学生参与度

学生参与度对于实践导向的教育来说至关重要。学校鼓励教师采用互动性高的教学方法，例如小组讨论、案例分析、角色扮演等，这些方法能够激发学生的兴趣和提高积极性。学校提供丰富的项目和实践机会，让学生能够将课堂知识应用到实际情境中，这种实践性学习提高了学生的主动性和解决实际问题的能力。学校提供个性化学习支持，包括学术顾问和导师制度，这有助于学生获得个性化的指导和反馈。学校鼓励学生参与教育决策和课程设计，学生的声音被纳入教育计划中，这满足了他们的需求。学校采用技术和数字工具，提供在线学习平台、虚拟实验室和在线讨论板等，以提高学生的学习参与度。学校和教师提供及时的学术反馈和指导，学生知道他们的学术进展，可以更好地调整学习策略。学校鼓励学生参与学生社区和校园活动，促进社交互动和全面发展。通过以上经验，学校创造了一个积极的学习环境，激发了学生的学习兴趣，帮助他们更好地实现学术和职业目标。

4.就业机会

创新的高职院校为学生提供了广泛的就业机会。学校与各行各业的企业和组织建立紧密的合作关系，为学生提供实习、实训和项目合作机会，这使学生能够在真实的工作环境中获得经验，增加了他们的就业竞争力。学校设立了职业规划中心，提供就业咨询、职业指导和实用技能培训，这有助于学生明确自己的职业目标，并准备好迎接就业市场的挑战。学校与企业签署就业协议，确保学生毕业后能够获得就业机会，这种协议通常包括工作机会、薪酬福利和职业发展计划。学校提供创业支持，鼓励学生成为创业者，这包括创业课程、创业孵化器和资源访问。学校的课程通常与行业认证相关联，确保学生具备就业所需的技能和知识。此外，学校提供不断更新的职业培训，使学生能够跟上行业的发展趋势。学校积极发展校友网络，帮助学生建立职业联系并得到工作机会。学校定期举办职业展会和招聘会，使学生有机会与潜在雇主互动，了解就业市场的需求。通过上述经验，高职院校确保学生毕业后具备所需的技能、经验和职业机会，为他们的职业发展打下坚实的基础。这有助于提高学校的就业率和学生的职业成功。

（二）案例教训

1.合作挑战

尽管合作是高职院校教学管理创新成功的关键因素之一，但也面临一些挑战。合作需要良好的沟通和协调,一些项目可能因沟通不畅而受到影响,因此需要建立明确的沟通渠道,确保所有合作伙伴都明白他们的角色和责任。在一些合作项目中,某些合作伙伴可能投入更多的资源和精力,而其他人可能没有作出同样的努力,这可能导致不公平的合作,因此要确保每个合作伙伴都有平等的机会和贡献。合作伙伴可能来自不同的文化和背景,这导致理解和期望之间的差异,要尊重和包容不同的文化,同时建立共同的价值观和目标。有时候,选择合适的合作伙伴可能很具挑战性。一些伙伴可能不如预期,导致合作效果不佳,因而要在项目开始前进行仔细的合作伙伴选择与充分的尽职调查。合作项目可能需要大量的资源,包括时间、资金和人力。一些学校可能面临资源有限的情况,这可能影响到合作的可行性,要制订合理的资源计划,确保资源的有效使用。通过从合作挑战中吸取教训,高职院校可以更好地规划和管理未来的合作项目,以确保它们能够取得成功并为学生提供更好的教育和职业机会。

2.教师培训

教师培训是高职院校面临的一个重要教训。高职院校需要不断更新教师的技能,以适应不断变化的教育环境和技术进步。教师培训要制订持续的教师培训计划,包括针对新教育技术的培训和专业发展机会。跨学科教育和合作项目要求教师具备跨领域的知识和能力,要提供教师跨学科培训,帮助他们更好地进行合作和开展跨学科教学。针对个性化学习的支持和培训对教师至关重要,要培训教师如何识别和满足学生的个性化需求,以提高学习效果。教师需要不断学习和适应新的教育技术工具,教师培训要提供教师培训,使他们能够熟练使用教育技术,并将其整合到教学中。参与合作项目的教师需要具备项目管理和团队协作的技能,要提供项目管理培训,帮助教师有效地组织和管理跨学科项目。教师培训应该包括如何进行学生学业评估和提供有效反馈的培训,这对于个性化学习和跨学科项目至关重要。教师在跨学科合作中需要具备良好的社交技能,以建立合作关系并解决问题,教师培训要培养这些社交技能。

综合考虑这些教训,高职院校可以改进教师培训,确保教师具备必要的知识和技能,以支持创新和合作项目的成功实施。教师是教育体系中的关键因素,他们的培训和发展对学生的学习经验和教育质量至关重要。

3.资金需求

资金需求是高职院校面临的一个重要教训。学校在开展创新项目和合作时需要精心规划和预算,以确保有足够的资金用于支持这些活动,要建立健全的财务规划流程,以充分估算项目成本、寻找资金来源,不应过于依赖单一的资金来源。多样化的资金来源,包括政府拨款、私人捐赠、行业合作和研究资金等,可以减少资金需求的风险,要积极寻找多元化的资金渠道。高职院校的创新和合作项目通常需要长期支持和投资,而不仅仅是短期的一次性项目,要制订长期可持续性计划,以确保项目能够持续发展并产生持久的影响。资金的使用要透明,并提供评估报告,学校需要向资金提供者和利益相关者报告项目的进展和成果,要建立有效的报告机制,确保对资金的使用进行监督和跟踪。所有资金都伴随一定的风险,学校需要识别和管理项目中的风险,以减轻资金损失的风险,要建立风险管理策略,并定期进行风险评估。

综合考虑这些教训,高职院校可以更有效地管理资金需求,确保项目的可持续性和成功实施。资金管理是创新和合作的关键因素之一,因此需要特别关注和计划。

4.学生支持

学生支持是高职院校创新实践中的一个关键方面,以下是关于学生支持的一些经验教训:

不同学生具有不同的需求,包括学业需求、职业发展需求和社会支持需求,要确保提供个性化的支持,以满足不同学生的需求,这可能需要建立专门的学生支持团队。学生需要定期得到学业指导和辅导,以帮助他们规划学习路径、解决学习问题和制定职业目标。学校要提供全面的学业支持体系,包括导师制度和学业咨询。学生的心理健康同样重要,应提供心理健康支持服务,帮助他们应对压力和情感问题,要建立心理健康服务中心,提供咨询和支持。高职院校的学生通常希望获得与职业发展相关的支持，包括实习机会、就业指导和职业规划，因此学校要建立职业发展中心，与行业合作提供实践机会。要提供机会，鼓励学生参与社区服务、实践项目和学生组织。学生应该有机会提供反馈，以帮助学校改进学生支持服务，要建立反馈机制，确保学生的声音被听到。学生支持需要足够的资源和预算支持，要确保充分的资源分配，以提供高质量的学生支持服务。总之，学生支持是高职院校创新实践中不可或缺的一部分。通过个性化支持、学业指导、心理健康服务、职业发展支持和鼓励学生参与，学校可以创造积极的学习环境，促进学生的成功和发展。

第四章　高职院校教学管理创新的影响和发展趋势

第一节　教学管理创新对学生学习成果的影响

一、个性化学习提高学习成效

（一）增强学习动力

学习动力的增强是个性化学习的一个显著优势。个性化学习将学习与学生的兴趣和热情结合起来，学生有机会选择他们感兴趣的主题或课程，这使他们更愿意参与学习并主动探索知识领域。个性化学习通常要求学生一起制定学习目标，使目标更加具体、可测量和个性化。学生了解他们正在追求的目标，这激发了他们的自我驱动力。个性化学习强调学生的主动参与和自主学习，学生可以自主选择学习资源、计划学习进度并决定如何完成任务，这种自主选择增强了学习动力。个性化学习通常提供及时的个性化反馈。学生的努力和成就得到认可，这激励了他们继续努力学习。个性化学习允许学生安排和选择学习的进度和方式，他们可以选择何时学习、何时休息，并以自己的速度前进，这种可控性增强了学习的愉悦感。由于个性化学习鼓励学生解决自己感兴趣的问题,他们更容易有解决问题和发挥创造性思维的动力,这样的动力对长期学习非常重要。总之,个性化学习通过满足学生的个人兴趣、明确学习目标、提供自主学习机会以及提供及时反馈,显著增强了学习动力。学生更有动力参与学习,追求卓越,并将学到的知识应用于实际生活中,这对培养终身学习者和成功的个体都有积极影响。

(二)显著的学习成果

学习成果在个性化的学习环境中通常更为显著:个性化学习允许学生根据自己的兴趣、学习速度和学习需求创建自己的学习路径,这意味着他们可以更深入地探索自己感兴趣的领域,而不受一般性课程的限制,使学生更容易实现学习目标。个性化学习提供及时的、个性化的反馈,这意味着学生可以更容易地了解他们的强项和薄弱点,他们可以根据反馈进行改进,强化学习。个性化学习鼓励学生承担更多的自主学习责任,他们需要自主选择学习资源、规划学习进度和决定学习方式,这种主动性有助于深化他们的理解和记忆。个性化学习通常强调深度学习而不是表面学习,学生被激励去理解概念、解决问题,而不是为了应付考试而死记硬背,这意味着他们获得的知识更持久,更有价值。由于个性化学习关注学生的兴趣和需求,他们通常更有学习动力,这种动力推动他们更积极地参与学习,因此学习成果更为显著。个性化学习鼓励学生在他们感兴趣的领域追求卓越,这可能导致一些学生在某些领域表现出色,甚至超越传统课程。总之,个性化学习强调学生的个人需求和学习目标,鼓励深度学习和主动参与,提供及时反馈和个性化支持,这使得学习成果更为显著,使学生更有可能取得成功,并在未来的学业和职业生涯中表现出色,这种学习方法适应了不同学生的需求,有助于实现更广泛的教育目标。

(三)提高学习效率

个性化学习可以显著提高学习效率的主要原因如下:

个性化学习允许根据学生的学习风格和速度来调整课程，这意味着学生可以在他们感到最自在的环境中学习，无论是通过视觉、听觉、动手操作还是其他方式，因此，他们更容易吸收和理解新知识。个性化学习路径可以为每个学生提供适当的学习挑战，学生可以跳过已经掌握的内容，集中精力攻克更具挑战性的课题，这避免了重复学习，提高了学习效率。个性化学习鼓励学生自主管理他们的学习过程，他们可以设定学习目标、规划学习进度和选择资源，这样能更有效地利用时间并提高效率。在个性化的学习环境中，学生通常可以随时随地访问学习材料和资源，这种便捷性意味着学习不再受时间和地点的限制，从而提高了学习效率。个性化学习提供及时的、个性化的反馈，学生可以了解他们的学习进展，知道哪些领域需要额外的关注，这有助于及时调整学习策略，提高效率。数字化教育环境中的个性化学习通常包括实时更新的资源，这意味着学生可以获得最新的信息和材料，而不必等待教材更新，从而提高了学习的时效性和质量。总体而言，个性化学习通过满足学生的个人需求、提供适当的挑战、鼓励自主学习管理和及时反馈，显著提高了学习效率，学生更容易保持专注，积极参与，并在更短的时间内达到学习目标，这种学习方法有助于更好地利用有限的学习资源，提供更高质量的教育体验。

（四）更积极的学习态度

个性化学习对学生的学习态度有积极影响的原因如下：个性化学习允许学生参与制定自己的学习目标和制订计划，因为这些目标是根据他们的兴趣和需求制定的，所以学生更容易理解为什么他们需要学习特定的内容，这提高了他们的学习积极性。个性化学习通常包括与学生关联度更高的学习材料，当学生认为所学内容与他们的生活、兴趣或未来职业有关时，他们更有动力去学习。个性化学习强调自主学习，让学生更多地掌控学习进程，这种自主权增强了学生的责任感和主动性，使他们更愿意学习。个性化学习通常提供及时的学习反馈和奖励机制，这鼓励学生更积极地参与学习，因为他们知道他们的努力将得到认可。个性化学习允许学生以适合自己的学习风格和节奏进行学习，这种个性化能够减轻学习焦虑,提高学生的学习体验,从而端正了他们的学习态度。个性化学习通常包括多种学习方法和资源,如视频、互动模拟、实地考察等,这种多样性使学习变得更有趣和吸引人,激发了学生的学习热情。个性化学习鼓励学生参与学习社区,与同学和教师互动,这种社交支持可以端正学生的学习态度,因为他们感到自己不孤单,有人可以向他们寻求帮助。总之,个性化学习通过增强学生对学习的掌控感、提供更相关的学习体验、鼓励自主学习和提供积极的反馈,促使学生表现出更积极的学习态度,这有助于提高学习投入度、学习成绩。

(五)解决学习差异

个性化学习是解决学习差异的有效方法,它通过适应学生的独特需求、兴趣和学习速度来提供个性化的学习体验。个性化学习允许教育者根据每个学生的需求和水平创建定制的学习路径,这意味着高水平的学生可以在更深入的领域学习,而需要额外支持的学生可以获得更多的辅导和资源。个性化学习鼓励学生在自己的步调下学习,这对那些在某些领域需要更多时间的学生尤其有益,因为他们可以花更多的时间来理解和掌握概念。个性化学习平台通常提供适应性教材,根据学生的学习水平和进度调整难度,确保学生不会感到太难或太容易,从而提高学习效果。个性化学习系统可以提供实时的学习反馈,帮助学生及早发现并解决学习难点,这有助于减轻学习差异带来的挫折感。学生可以获得额外的学习支持,如在线辅导或更多的练习机会,以满足他们的学习需求。个性化学习系统可以跟踪学生的学习进展,确保他们不会掉队,如果一个学生需要额外的帮助,教育者可以及时采取措施。个性化学习可以在不同的学习环境中进行,包括虚拟教室、在线课程和传统课堂,并允许学生们选择最适合他们的学习方式。

总之,个性化学习通过适应学生的差异性需求、提供支持和资源、提供反馈,有助于更好地解决学习差异问题,确保每位学生都能够发挥他们的潜力,有助于提高学生的学习成绩和获得良好的学习体验。

（六）长期受益

个性化学习在长期学习过程中带来多方面的益处，这些益处有助于学生在整个学习生涯和职业生涯中取得成功。通过满足学生的独特需求和学习速度，个性化学习有助于提高他们的学习成就，这种成功可以为未来的学习和职业发展打下坚实的基础。个性化学习鼓励学生在学习中承担更多的自主学习责任，这种能力在未来的职业环境中非常重要，因为它使他们能够更好地管理自己的学习和职业发展。个性化学习通常更符合学生的兴趣和需求，因此他们更有动力参与学习，这种积极的学习态度可以影响未来的学习追求和职业发展。

个性化学习强调学生参与问题解决和发挥批判性思维的能力，这些技能对于解决未来的复杂问题和应对职业挑战至关重要。通过个性化学习，学生有机会发展跨学科技能，这对适应不断变化的职业环境非常重要，他们更有可能成为具有多重技能的适应性工作者。个性化学习教会学生如何为自己的学习设定目标，并自行监测进度，这使他们在未来的职业生涯中能够持续学习和自我提高。长期来看，那些经历个性化学习的学生可能在职业市场上更有竞争力，因为他们具备了满足多样化工作要求的技能和知识。总之，个性化学习不仅有助于学生在短期内取得成绩，还在长期的学习过程中培养了关键的技能和能力，使他们在未来的职业生涯中能够持续受益，为他们的成功和成就打下了坚实的基础。

二、实践导向的课程设计培养实际技能

（一）实际项目经验

实际项目经验是实践导向的课程设计中的关键元素，对学生的职业发展产生了深远的影响。学生参与实际项目时，面临真实世界的问题和挑战，他们需要运用课堂上学到的知识和技能，找到创新的解决方案，这鼓励他们积极思考和灵活应对复杂情况。实际项目经验将课堂学习与实际应用相结合，使学生能够将理论知识付诸实践，了解这些知识在实际工作中的应用方式，这有助于加

深他们的理解。在实际项目中，学生通常需要与团队成员协作，这锻炼了他们的团队合作技能，包括沟通、协调和分工，这对未来的职业生涯非常重要。实际项目经验为学生提供了职业准备的机会，他们可以了解自己所学领域的实际工作流程，积累与行业相关的经验，这对毕业后的就业至关重要。在项目中，学生需要识别问题并提出解决方案，这培养了他们的问题解决能力，这在任何职业中都是一个宝贵的技能。学生在实际项目中通常需要主动学习新知识和技能，以解决项目中的问题，这促进了他们的自主学习。总之，实际项目经验丰富了学生的学习体验，为他们提供了更多的机会来培养实际技能和解决问题的能力，这种学习方式不仅巩固了学生所学的知识，还为他们的职业生涯打下了坚实的基础。

（二）职业技能培训

职业技能培训是实践导向的课程设计中的关键组成部分，它为学生提供了在特定领域内获得实际能力的机会。通过获得实际职业技能，学生在毕业后更具竞争力。雇主通常更倾向于雇佣那些已经具备实际工作技能的候选人，因为他们可以更快地适应工作环境。拥有职业技能使学生能够进入特定领域的就业市场，他们可能会更容易地找到与自己专业领域相关的工作机会。职业技能培训将课堂学习与实际工作联系起来，学生不仅学习理论知识，还将其应用于实际工作场景中，从而更好地理解知识的实际应用。学生在培训过程中获得的职业技能为他们的职业发展奠定了基础，这些技能可以作为他们职业生涯的起点，并为未来的晋升提供支持。成功完成职业技能培训的学生通常会感到更自信，他们知道自己可以在特定领域内作出贡献，这有助于提高他们的职业满意度。职业技能培训通常包括行业标准和最佳实践，这意味着学生将掌握与行业相关的最新知识和技术。总之，职业技能培训是实践导向课程设计中的关键要素，对学生的职业发展和成功具有深远影响，这种培训不仅提供了实际的技能，还为学生打开了职业发展的大门。

（三）实际应用

实际应用是实践导向的课程设计中的一个关键要素，它强调将理论知识转化为实际工作能力。实际应用使学生在毕业后能够更好地适应工作环境，他们已经学会了如何使用工具、技术和方法来解决实际问题，这对于职业准备至关重要。学生不仅仅是被动地接受知识，而是要学会如何主动地将知识应用于实际情境，这有助于加深他们对所学概念的理解，并提高技能转化的能力。实际应用要求学生分析和解决真实的问题，这种能力在职场中面对各种挑战和困难时非常重要。学生通过实际应用更容易看到他们的学习如何与实际生活相关，这可以激发学习兴趣，使学习更有动力。实际应用鼓励学生寻找创新解决方案，他们可能需要自己设计和实施项目，这有助于培养创造力和创新思维。拥有实际应用经验的毕业生在就业市场上更具有竞争力，雇主通常更喜欢那些能够立即投入工作并具备实际应用技能的候选人。

总之，实际应用是课程设计中的重要元素，它有助于学生将所学知识和技能转化为职场上的实际能力，这种能力不仅对学生的职业生涯有重大影响，还有助于他们更好地理解和应用所学。

（四）创业精神

创业精神是一项重要的职业技能，对学生未来的成功职业生涯具有重要影响。创业课程培养学生的创新思维，鼓励他们寻找新的商业机会和解决问题的方法，这种思维方式对在职业生涯中应对不断变化的市场和挑战至关重要。创业课程通常要求学生自主制订业务计划、管理资源和领导团队，这培养了他们的自主性和领导力，有助于在职业生涯中扮演重要角色。创业是伴随着风险的，所以需要有效的风险管理。学生通过创业课程学会如何评估和管理风险，这在各种职业环境中都很重要。学生通过创业课程学习关于市场分析、财务管理、市场营销和战略规划等关键创业技能，这些技能在创业或管理职位上非常有用。创业课程鼓励学生相信自己的能力，并培养了他们的决策能力，这对在竞争激烈的商业环境中取得成功至关重要。即使学生最终不选择创业，拥有创业精神和相关技能也会增加他们在就业市场上的吸引力，雇主通常希望雇佣能够创新和解决问题的员工。创业精神培养了学生在职业生涯中所需的一系列关键技能和素质，无论他们选择创业、就业还是进一步深造，这些技能都将对他们的成功产生积极影响。创业课程为学生提供了实践和应用这些技能的机会。

（五）沟通和团队合作

沟通和团队合作是在职业生涯中至关重要的技能，对成功的工作和职位表现非常重要。在实际项目中，学生通常需要与团队成员合作，共同解决问题和完成任务，这锻炼了他们的协作技能，包括倾听、尊重他人的意见、分享资源和分工合作。在项目中，学生必须清晰地表达自己的想法和观点，以便与团队成员有效沟通，有助于培养良好的口头和书面沟通能力，这在与同事、客户和上级沟通中至关重要。实际项目通常伴随着各种挑战和问题，学生需要团队合作来解决这些问题，这有助于培养解决问题和制定决策的能力。团队项目提供了领导和追随的机会，学生可以学习如何在领导团队时发挥领导作用，也可以学习如何在支持他人领导的情况下有效追随。在团队中可能会有来自不同文化背景的成员，这种多元性提供了学生练习跨文化沟通和尊重不同观点的机会。在团队中，不同的观点可能会导致冲突，学生通过处理这些冲突来学习冲突解决技能，这对于维护团队和谐至关重要。通过实际项目的参与，学生有机会在真实情境中培养和应用沟通和团队合作能力，这些技能不仅对他们的学习生涯有帮助，还为他们未来的职业成功奠定了坚实的基础。无论是在团队项目中工作还是与同事和客户合作，这些能力都是职业生涯中的宝贵资产。

第二节　社会和职场需求的响应

一、适应快速变化的职业要求

教学管理创新在提高学生的灵活性和适应性方面发挥了关键作用。教学管理创新强调培养学生的问题解决能力，鼓励他们在面对挑战和难题时不要惧怕，而是要积极寻找解决方案，这种能力对于在职场中应对各种问题至关重要，因为它们能够使员工快速反应并采取适当的行动。学生在创新的教育环境中培养了批判性思考的能力，他们学会质疑、分析和评估信息，而不是盲目接受，这种思维方式有助于他们更好地理解问题的本质，并制订有效的解决方案。教学管理创新鼓励创新意识的发展，学生学会思考新颖的想法和方法，以改进流程或提出新的解决方案，这种创新精神成为在不断变化的职场中的有价值的资产。由于教学管理创新通常包括多样化的学习方法，学生习惯了学习新技能，他们了解到学习是一个持续的过程，能够快速掌握新的工具、技术或知识，以满足职场上的需求。学生被鼓励寻找创新的解决方案，而不仅仅是采取传统的方法，这使他们能够在职场上提出改进建议，并在面对问题时思考不同的方式。

总的来说，教学管理创新通过培养学生的问题解决、批判性思维和创新能力，为他们在职场中应对不断变化的情况提供了坚实的基础，这些技能赋予了他们在各种职业领域中成功的机会，因为他们能够适应和创造变革。

二、强调终身学习

强调终身学习是教学管理创新的一个重要方面，它对学生和职场都产生了深远的影响。教学管理创新创建了一种持续发展的文化，使学生认识到学习不仅仅是学校时期的事情，而是终身的任务，这种文化鼓励他们在职业生涯中不断寻求新知识和技能。终身学习使学生了解到职业生涯中的要求会不断变化，因此他们愿意主动寻求新的培训和教育机会，以适应这些变化。终身学习的实践使学生在职场中拥有竞争优势，他们可以在工作中不断提高，获取更多的责任和晋升机会，因为他们具备了新领域的知识和技能。终身学习也为个人提供了满足感和成就感，学生了解到他们可以不断发展自己，实现自己的职业和个人目标。终身学习鼓励学生成为创新者和问题解决者，他们不断将学到的知识和技能应用于新的领域，为公司或组织提供新的见解和解决方案。

总之，终身学习使学生具备了更强大的工具，以适应不断发展的职业环境，并为个人和职业生涯的成功做好准备，这种文化将教育与职业生涯发展联系在一起，为学生提供了更广阔的未来前景。

三、跨学科和跨领域的学习

跨学科和跨领域的学习对学生的职业发展和适应性产生了深远的影响。跨学科和跨领域的学习使学生能够接触和理解不同学科领域的知识，他们不再局限于某一特定领域，而是拥有广泛的知识背景，这有助于他们更好地理解世界和解决复杂的问题。跨学科学习培养了学生的综合性技能，如批判性思维、问题解决、沟通和团队合作，这些技能在职业生涯中是非常有价值的，因为他们能够适应各种复杂的工作任务和情境。跨学科学习教会学生如何处理复杂性，现代职业要求能够具备多种信息来源和跨学科的知识，因此，这种学习方式有助于他们更好地适应复杂的职业要求。跨学科的知识背景鼓励学生成为创新者和创业家，他们可以将不同领域的知识结合起来，发现新的解决方案和商机。跨学科和跨领域的学习为学生提供了更广泛的职业机会，他们可以进入多个领域，担任不同职位，因为他们具备了多样化的知识和技能。

总之，跨学科和跨领域的学习丰富了学生的知识和技能，使他们更好地适应多元化和不断变化的职业环境，这种综合性的教育方式为学生的职业生涯提供了更广泛的选择和机会。

四、促进创新和创业精神

促进创新和创业精神是教学管理创新中的一个关键方面,它对学生的职业发展和社会影响力具有重要作用。创新教育方法鼓励学生培养创新思维,他们被鼓励思考用不同的方法来解决问题,提出新的理念和概念,以及挑战传统的做法,这种思维方式对于在职场中找到新机会和解决复杂问题至关重要。学生通常参与实际项目和案例研究,这些项目要求他们找到新的解决方案,通过这个过程,他们学会了如何将创意转化为实际可行的解决方案,并应对现实世界的挑战。创新教育可以培养学生的创业精神,让他们学习如何识别市场机会、开发商业模式、筹集资金和管理风险,这对那些有志于创办自己的企业的学生来说尤为重要。创新项目通常需要团队合作,这有助于学生培养领导和协作能力,他们学会如何在团队中共享创新想法、协调行动和实现共同目标。创新教育还强调社会影响,学生被鼓励考虑他们的创新如何有助于解决社会问题或改善人们的生活,这种社会责任感有助于塑造未来领导者的价值观。总之,促进创新和创业精神的教学管理创新有助于培养具有创新意识、实际解决问题的能力以及创业精神的毕业生,这些学生在职场中通常能够作出重要的贡献,推动社会和经济的进步。

当学生在教学管理创新中培养了创新和创业精神,他们通常能够在以下方面实现积极的影响和表现:拥有创新和创业精神的学生在就业市场上更具竞争力,雇主倾向于招聘具备创新能力的员工,因为他们能够带来新的思维方式和解决问题的能力。创新思维和创业精神使学生有望成为新兴行业的领袖,他们可能在科技、创意产业、绿色技术等领域掌握先机,并推动这些领域的发展。一些具备创业精神的学生可能会选择创办自己的企业,他们可以利用他们在课程中获得的创业培训和资源来成功创建和经营新的企业。创新和创业精神有助于学生参与解决社会和环境问题,他们可能成为社会企业家,利用商业模式来实现社会变革和可持续发展目标。拥有创新和创业精神的毕业生可能成为创新文化的倡导者,他们可以在组织内部推动创新,鼓励同事思考新的方式来改进工作流程和产品。部分学生可能选择成为风险投资者、创业顾问或企业导师，帮助其他创业者实现其创新和创业目标。

总之，教学管理创新培养创新和创业精神的学生，有望在职场和社会中发挥积极作用，推动经济和社会的发展，并为解决各种挑战提供新的解决方案，这些学生通常能够更好地适应不断变化的职场要求，为自己创造更多机会。

五、解决社会问题

社区服务学习是一种重要的教学管理创新，它为学生提供了参与社会问题解决的实际机会，并培养了社会责任感。在社区服务学习项目中，学生不仅仅是在课堂里听讲或读书，而是积极参与社区服务活动，他们可能与社区组织、非营利机构或政府部门合作，解决当地或全球性的社会问题。这些项目通常以解决社会问题为导向，学生可能参与贫困缓解、教育改善、环境保护、卫生服务等各种社会项目，以切实地改善社区的生活质量。社区服务学习涵盖了多个学科和技能领域，学生可能需要应用他们在不同课程中学到的知识和技能，从而实现跨学科的综合学习。社区服务学习有助于培养学生的社会责任感，通过亲自参与社会问题的解决，他们能够更深刻地理解社会问题的复杂性，并认识到自己可以为社会作出积极贡献。学生在项目中获得宝贵的实践经验，这不仅有助于他们将理论知识应用于实际情境，还增强了他们在就业市场上的竞争力。参与社区服务学习的学生与社区成员建立了联系，增强了社会互动和合作的能力，这些关系可以在未来的职业生涯中产生积极的影响。

社区服务学习有助于提高学生的教育成果。研究表明，参与社区服务学习的学生通常在学习成绩、学习动机和学业满意度方面表现更好。社区服务学习项目的实际结果是社会的和谐，通过学生的参与，社区问题得到了更多的关注，从而为社会带来了积极的变革。在新时代高职院校教学管理创新中，社区服务学习是一个重要的教育策略，有助于将学生培养成有社会责任感、具备实践经验和综合素质的毕业生，这也符合现代社会对具备社会使命感和参与度高的人才的需求。

六、社会平等和多元文化教育

社会平等和多元文化教育是教学管理创新的重要方面，这种教育强调尊重和庆祝不同文化、背景、性别和能力的多样性，学校鼓励学生理解和尊重不同群体之间的文化差异。社会平等和多元文化教育明确反对歧视和不平等对待，它使学生认识到社会中的不平等，并鼓励他们采取积极行动来消除这些不平等。这种教育有助于学生理解社会正义的概念，包括公平分配资源、平等机会和人权，学生被鼓励参与社会正义倡议和活动。学校可能提供多元文化课程，包括文化研究、多元文化教育和跨文化沟通等，这些课程帮助学生更深入地了解不同文化和背景。学生可能有机会参与跨文化互动，如国际交流、跨文化项目和文化节庆，这有助于培养他们的国际视野和跨文化交流技能。

社会平等和多元文化教育有助于培养学生的社会意识，他们更能够认识到社会中存在的不平等和社会问题，并寻求解决方案。学生通过这种教育培养了社会责任感，他们愿意采取行动，支持社会公平和社会正义的倡议，能够更好地与不同文化背景的人进行合作和交流。学生通过多元文化教育获得了跨文化交流和合作的技能，这对未来的职业生涯至关重要。具备多元文化教育背景的毕业生在国际职场上具有竞争力，因为他们能够更好地适应多元文化的工作环境。社会平等和多元文化教育是新时代高职院校教学管理创新的重要方向之一，有助于培养具备社会意识和文化敏感性的毕业生，为建设更加包容和多元的社会作出贡献。同时也有助于提高学校的国际竞争力。

第三节　发展趋势和如何应对挑战

一、发展趋势

（一）数字化转型

数字化转型是高职院校教学管理创新中的一个关键趋势。随着科技的快速进步，学校正积极采取数字化教育方法，以提供更丰富、灵活和个性化的学习体验。这一趋势包括广泛采用多种数字工具和技术，以提供更多样化的学习机会和更个性化的教育体验。首先，在线教育已经成为数字化转型的关键组成部分。高职院校通过在线课程和远程学习平台，为学生提供了更灵活的学习方式，学生可以根据自己的时间表和地点参与课程，这使得教育更加无障碍，尤其是对那些无法前往校园的学生来说尤为重要。其次，虚拟实验室也是数字化转型的一部分，特别是对于科学和工程类的课程。通过虚拟实验室，学生可以进行实验和探索，而无须实际物理设备，这不仅提供了更安全的实验环境，还丰富了学生的实践经验。最后，数据分析和学习管理系统在数字化转型中发挥了关键作用，这些系统可以追踪学生的学习进展，提供实时反馈，并帮助教师更好地了解学生的需求，通过分析学生的数据，学校可以提供个性化的建议和资源，以支持他们的学习。

总的来说，数字化转型使高职院校能够更好地满足学生的需求，提供更灵活、多样化和个性化的学习体验，这不仅有助于提高学生的成绩，还为他们未来的职业生涯提供了更多的技能和知识，数字化教育将继续塑造未来高等教育发展新优势。

（二）人工智能（AI）的应用

人工智能（AI）的应用在教学管理中具有巨大的潜力。首先，AI 技术可用于创建智能教育平台，这些平台可以收集和分析学生的学习数据，了解他们的学习风格、兴趣和需求。基于这些数据，平台可以提供个性化的学习建议和资源，帮助学生更好地掌握知识。例如，如果学生在数学方面遇到困难，智能教育平台可以为他提供定制的数学练习和教程，以帮助他提高数学水平，这种个性化学习有助于提高学生的学习成绩和学习动力。其次，AI还可以用于自动化评估。传统的教学评估通常需要教师手动批改作业和测验，这需要大量的时间和精力，AI可以通过自动化评分系统，快速准确地评估学生的作业和测验成绩，这不仅减轻了教师的工作负担，还为学生提供了及时的反馈。AI还可以用于检测学术诚信问题，帮助学校识别和预防抄袭行为。最后，AI还可以在教学辅助方面发挥作用。虚拟助教和聊天机器人可以回答学生的问题，提供学习建议，并帮助他们解决问题，这有助于学生更好地理解课程内容，并解决学习难题。

总的来说，人工智能的应用将使教学管理更加智能化和个性化，它可以改善学生的学习经验，提高教育质量，并减轻教师的工作负担。未来，AI技术将继续在高职院校的教学管理中发挥重要作用。

（三）全球化合作

全球化合作对高职院校教学管理领域的发展具有重要意义。首先，高职院校可以积极参与国际合作项目和交流计划，包括与国外大学、研究机构和企业建立合作关系，共同开展研究项目、教育项目和实践项目等。通过国际合作，学生可以获得国际化的实践经验，拓宽视野，了解全球化职场的要求。其次，高职院校可以鼓励学生参与国际交流和留学计划，这些计划可以让学生在国外学习和生活一段时间，与不同文化的人交往，提高他们的跨文化沟通和适应能力。国际交流还有助于学生建立国际性的社交网络，为未来的职业生涯提供更广泛的机会。此外，高职院校可以提供多语言课程和国际认证，这使学生能够获得多语言能力和国际认可的证书，增强他们在全球化职场中的竞争力，多语言能力对于跨国公司和国际组织的就业机会至关重要。最后，高职院校可以积极参与国际学术会议和合作研究项目，这有助于促进国际学术交流和知识分享，提高高职院校在国际学术界的声誉和地位。

总的来说,全球化合作将为高职院校的学生提供更多的国际机会和资源,培养他们具备全球视野和跨文化能力,以适应全球化时代的职业要求,这将是未来高职院校教学管理的重要趋势之一。

(四)可持续发展教育

高职院校在可持续发展教育方面的发展是教学管理创新的一个重要方向。首先,高职院校可以通过整合可持续发展原则和实践到课程中,培养学生的环保意识和可持续思维,包括开设与可持续发展相关的专业课程,如环境科学、可再生能源、生态经济等,以及跨学科项目,让学生了解可持续发展的各个方面。其次,高职院校可以鼓励学生参与可持续发展项目和社会责任活动,包括学生参与社区服务、环保项目、可持续创新竞赛等。通过实际参与,学生可以将课堂学到的知识应用到实际情境中,培养解决环境和社会问题的能力。再次,高职院校可以在校园内推动可持续实践,如能源节约、废物管理和绿色建筑,学校可以成为可持续发展的榜样,教育学生如何在实际生活中采取可持续行动,减少对环境的负面影响。此外,高职院校可以与企业和社会合作,开展可持续发展研究和创新项目,这可以促进可持续技术和实践的发展,同时为学生提供与行业专业人士合作的机会。最后,高职院校可以关注可持续发展教育的评估和认证。学校可以努力获得与可持续发展相关的认证,以证明其在可持续发展教育方面的承诺和成就,这有助于提高学校的声誉和吸引更多关注可持续发展的学生。

总的来说,高职院校将越来越关注可持续发展教育,培养学生的环保和可持续发展技能,以满足社会对可持续性的需求,同时也为学生提供更广泛的职业机会,这将是未来高职院校教学管理的一个重要趋势。

二、如何应对挑战

（一）数据隐私和安全

随着学校数字化转型的不断推进，确保数据隐私和安全变得至关重要。首先，学校需要建立健全的数据保护政策，明确数据的收集、使用、存储和分享原则，这些政策应该遵循国际和地区的数据隐私法规，确保学生和教师的个人信息得到妥善保护。学校应该向所有相关方清楚地传达这些政策，以增强他们的数据隐私意识。其次，学校需要投资于数据安全措施，包括使用强大的防火墙和安全软件来防止未经授权的数据访问，以及定期进行安全漏洞扫描和漏洞修复等。学校还应该为员工提供有关数据安全的培训，以防范网络钓鱼等欺诈行为。另外，数据加密是确保数据安全的关键措施。学校应该使用强加密算法来保护存储在服务器和云端的数据，以防止数据泄露。同时，加密也应该在数据传输过程中使用，以防止数据在传输时被截取或窃取。学校还可以考虑采用身份验证和双因素认证等多层次的安全措施，以确保只有授权用户可以访问敏感数据，这种额外的安全层次可以提高系统的安全性。最后，学校应建立应急响应计划，以应对数据泄露或网络攻击等安全事件，这个计划应该包括及时的通知和处理程序，以最小化潜在的损害。

总的来说，数据隐私和安全将是数字化教育面临的一个重要挑战。学校需要采取综合措施来保证学生和教师的数据安全，同时确保数字工具的可靠性和安全性，这将需要不断的投入和更新，以适应不断变化的威胁和法规。

（二）技术差距

技术差距是数字化教育面临的一项重要挑战，尤其是在不同地区和学校之间存在明显的数字化鸿沟的情况下。学校可以为教师和学生提供广泛的技术培训，这种培训应覆盖基本的数字工具和平台的使用，以及更高级的技术技能，如数据分析和编程，提供定期的技术支持，以解决使用过程中的问题和困难。学校应该致力于提供适当的数字设备，如笔记本电脑或平板电脑，以及可靠的互联网连接,这对学生能够顺利参与数字化教育至关重要。引入数字素养课程,旨在培养学生的基本数字技能和信息素养,这些课程可以作为学校课程的一部分,确保所有学生都有机会获得数字化教育的基础知识。学校可以和教育机构建立合作关系,分享数字教育资源和最佳实践,这有助于减少技术差距,使更多学校能够获得有效的数字化教育工具。政府可以提供资金和政策支持,如向农村地区和贫困地区提供数字设备和网络基础设施,以促进数字化教育的普及,确保所有学生都能平等地获得数字化教育。使用云教育平台可以帮助学校减轻技术负担,因为云平台通常提供了一揽子的数字教育工具和资源,学校可以轻松地访问和使用。

总的来说,解决技术差距需要多方合作,包括学校、政府、社区和教育技术提供商的共同努力。只有通过共同努力,才能确保数字化教育的益处能够普遍受益于各个社会群体。

（三）保障教育质量

确保教育质量在高职院校教育创新中至关重要。学校将越来越依赖大数据技术来监测和评估教育质量。学习分析和大数据技术将用于跟踪学生的学习进展,识别潜在的问题,并提供个性化支持,这使学校能够更迅速地作出干预和改进决策。学校可能会积极寻求国际或行业相关的教育质量认证,这有助于提高学校的声誉,吸引更多国际学生和合作伙伴,并提高教育质量。学生的反馈和参与将成为质量保障的关键因素,学校将积极收集学生的反馈,以了解他们的需求和期望,从而不断改进。学校将继续进行内部评估,包括自我评估和对教育质量的内部审查。此外,一些学校可能会邀请外部专业机构进行独立的评估,提供更客观的反馈。学校将不断强调建立质量文化,使教育质量成为每个教育者的责任,这包括教师、学生和管理层的共同参与。培养和发展教师的能力和意识,以提供高质量的教育将继续是关键,教师的专业发展将有助于提高教育质量。学校将采用持续改进的理念,不断寻求提高教育质量的机会,这包括根据评估结果采取措施,分享最佳实践,并寻求创新的教育方法。学校将积极披露有关教育质量的信息，包括评估结果、改进计划和教育成果，以提高透明度。在面对这些挑战和趋势时，高职院校需要不断适应并采取灵活的方法，以确保教育质量不断提高，使学生能够获得高水平的教育。

（四）成本压力

成本压力是教育创新面临的一个重要挑战。学校可以寻求资源整合的方式，包括合并教育技术和设备采购、共享教育资源、与行业伙伴合作等，以减少成本。学校可以探索各种方式来筹集外部资金，包括研究资助、合作项目资金、捐赠和赞助，这些资金可以用于支持教育创新项目。学校可以通过提高教育流程的效率来降低成本。例如，采用在线教育可以减少教室和设备的使用成本。学校可以制定长期的教育创新规划，以合理分配资源和预算，确保创新项目的可持续性。学校可以提高对教育成本的透明度，包括向学生和利益相关者解释资源分配和成本结构，以获得他们的支持。学校可以进行教育效益评估，以确定哪些教育创新项目对学生的学习成果和职业机会产生了积极影响，从而更有针对性地分配资源。学校可以寻求与科技公司、初创企业和其他教育机构的合作，以降低技术采购和开发成本。通过综合运用这些策略，高职院校可以更好地应对教育创新的成本压力，确保在可持续的基础上推动教育质量的提升。

参 考 文 献

[1]陈丹妮．大数据思维在高校教学管理中的应用研究[J]．黑龙江教师发展学院学报，2022，41（11）：45-47．

[2]陈孙义．以人为本理念在小学教学管理工作中的影响及启示[J]．亚太教育，2022（19）：35-37．

[3]陈艺恺．艺术类高校教学管理的分析与探究[J]．教育教学论坛，2022（35）：35-38．

[4]丛兴苓，侯兆铭．高校二级学院教学管理与思政建设的融合研究：基于三全育人视角[J]．厦门城市职业学院学报，2022，24（03）：49-53．

[5]戴锦阳．大数据时代高校教学管理信息化建设的策略分析[J]．公关世界，2022（16）：79-81．

[6]方敏，刘翠．互联网背景下高校教学管理模式改革研究[J]．吉林省教育学院学报，2022，38（09）：85-88．

[7]宫宇强，谭博．素质教育背景下高校教学管理效率提升策略研究[J]．吉林省教育学院学报，2022，38（07）：41-44．

[8]宫宇强，杨文爽．高校教学管理信息化现状及建设对策[J]．通化师范学院学报，2022，43（07）：134-138．

[9]宫宇强．大数据背景下的高校教学管理创新研究[J]．民族高等教育研究，2022，10（04）：88-92．

[10]顾恒栋．高校教学管理信息化建设的探索与实践[J]．黑河学刊，2022（05）：1-5．

[11]顾云鹏．新媒体时代高职院校教学管理创新研究[J]．黑龙江教师发展学院学报，2022，41（03）：46-48．

[12]鞠双双．高校教学管理信息化建设现状与分析[J]．现代商贸工业，2022，43（18）：61-63．

[13]孔臻．现代学徒制人才培养模式下的高职教学管理体系研究[J]．科学咨询（科技·管理），2022（08）：13-15．

[14]兰子奇．基于"五化合一"的高职院校教学管理模式探索与实践[J]．黄冈职业技术学院学报，2022，24（05）：44-46．

[15]李红梅，曹玉娜．加强二级学院教学管理 助推"双高"建设目标实现[J]．芜湖职业技术学院学报，2022，24（03）：21-24+33．

[16]李赟．"1+X"背景下高职院校教学管理模式创新研究[J]．产业与科技论坛，2022，21（20）：230-231．

[17]刘大勇．关于高校教学管理信息化建设的研究[J]．汉字文化，2022（20）：92-95．

[18]刘丽，李楠，周国良．新媒体环境下高校教学管理文化的创新思路探索[J]．文化创新比较研究，2022，6（29）：143-147．

[19]刘朋，苏恒宇．新媒体时代高职院校教学管理创新研究[J]．才智，2019（22）：74．

[20]陆静．新时代高职院校教学管理改革工作探析[J]．中国多媒体与网络教学学报（中旬刊），2022（07）：171-174．

[21]卿可心．智慧教学管理的实践路径探究[J]．产业科技创新，2022，4（05）：32-34．

[22]孙佳鹏．智能化时代高职院校教学管理改革创新[J]．江苏教育，2018（28）：27-29．

[23]谭秀梅．家校合作中"互联网+"时代高职院校教学管理创新研究[J]．家庭生活指南，2021，37（06）：160-161．

[24]童曼霞．信息系统一体化在高校教学管理中的应用研究[J]．辽宁科技

学院学报，2022，24（05）：74-76+80.

[25]王刚，王青，戎静."互联网+"时代高职院校教学管理创新研究[J].辽宁工程技术大学学报（社会科学版），2019，21（06）：491-494.

[26]王国贻."互联网+"背景下高校教学管理信息化的发展策略[J].信息系统工程，2022（07）：173-176.

[27]王磊，肖慧，王哲，等.高质量内涵式发展背景下医学院校教学管理系统的建设与思考[J].太原城市职业技术学院学报，2022（08）：65-67.

[28]王雅辰.高校教育教学管理信息化创新发展路径研究：评《现代教育理念下的高校教育教学管理研究》[J].中国高校科技，2022（07）：103.

[29]吴绪颖，王蕊，赵文君.新一轮审核评估下本科院校二级教学管理研究[J].金融理论与教学，2022（04）：112-114.

[30]奚路漫.师范生参与教学管理的模式构建：基于教师核心素养培养视角[J].创新创业理论研究与实践，2022，5（18）：132-135.

[31]夏小燕，黄健，钟兆银，等.药学生参与药物分析实验教学管理的研究与探索[J].广东化工，2022，49（20）：255-256+250.

[32]杨加.技工院校教学管理信息化建设实践与探索[J].职业，2022（20）：40-42.

[33]于晓飞.浅谈高职院校教学管理信息化与计算机信息技术[J].中国新通信，2022，24（15）：64-66.

[34]禹万林.新媒体时代高职院校教学管理创新研究[J].传媒论坛，2018，1（24）：132+134.

[35]袁誉，刘晓霞.加强民办高校教学管理人员激励机制建设的对策建议[J].企业改革与管理，2022（14）：90-92.

[36]张慧如，刘睿潇.刍议新媒体时代高职院校课堂教学管理创新策略[J].科技创新导报，2020，17（16）：216+218.

[37]张萍.论新媒体时代高职院校教学管理创新[J].当代农机，2021（11）：72-73.

[38]赵宇艳．高职院校培训教学管理中存在的问题与对策[J]．山西财经大学学报，2022，44（S2）：215-217．

[39]周翔．新媒体背景下高职院校教学管理创新研究[J]．山西青年，2021（16）：169-170．

[40]朱翔．新时代背景下高职院校学生教育管理模式创新研究：评《高职院校学生教育管理创新研究》[J]．领导科学，2022（02）：157．